智能网联汽车
核心技术丛书

智能网联汽车信息安全技术

万民伟　朱兴旺　邹理炎　著

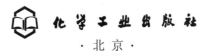
·北京·

内容简介

《智能网联汽车信息安全技术》是"智能网联汽车核心技术丛书"中的一册。本书深度解析了汽车信息安全的基本概念、整体架构、防护机制以及关键安全技术。从汽车基础软件平台构成出发，探讨了基础软件信息安全生命周期、安全需求、系统威胁、系统架构及研究范围，并详细介绍了应用软件安全防护架构及关键技术。同时，本书还关注了车联网安全威胁，分析了云端、车端及通信端的安全风险，并介绍了信息安全威胁分析模型及车载入侵检测与防御系统。此外，数据安全检测与评估、车载网络通信安全、汽车网络安全风险与防御以及传感器安全风险等问题也得到了深入探讨。最后，本书还对比了国内外信息安全风险评估的发展，为智能网联汽车信息安全测评及基于云平台的汽车软件测试提供了科学依据。

本书适合智能网联汽车信息安全领域的技术研发人员、质量论证人员阅读，也可作为汽车相关专业的教材使用，对智能网联汽车感兴趣的人员也可以阅读。

图书在版编目（CIP）数据

智能网联汽车信息安全技术 ／ 万民伟，朱兴旺，邹理炎著. -- 北京 ：化学工业出版社，2025. 3. -- （智能网联汽车核心技术丛书）. -- ISBN 978-7-122-47211-3

Ⅰ. U463.67

中国国家版本馆CIP数据核字第2025MB1992号

责任编辑：雷桐辉　　　　　　　装帧设计：王晓宇
责任校对：张茜越

出版发行：化学工业出版社
　　　　　（北京市东城区青年湖南街13号　邮政编码100011）
印　　装：三河市君旺印务有限公司
787mm×1092mm　1/16　印张 $10\frac{3}{4}$　字数210千字
2025年4月北京第1版第1次印刷

购书咨询：010-64518888　　　　　售后服务：010-64518899
网　　址：http://www.cip.com.cn
凡购买本书，如有缺损质量问题，本社销售中心负责调换。

定　　价：89.00元　　　　　　　　　　版权所有　违者必究

前言
PREFACE

随着新一轮科技革命和产业变革的迅猛发展，各类新兴技术在汽车产业中的应用逐渐深入，智能化、网联化成为汽车产业发展的重要方向，与此同时，作为智能化的移动网络终端，智能网联汽车也将成为各个相关智慧系统的重要载体和节点，如智能交通、智慧能源、智慧城市等。近年来，人工智能、信息通信等新一代网络技术逐渐被应用到汽车产业，为智能网联汽车提供了更加多样化的交互方式，但汽车在与外界交互的过程中也可能会出现信息安全问题。

一方面，汽车信息安全关乎用户隐私和驾驶安全。智能网联汽车可以利用各类传感器设备采集用户的驾驶习惯和行驶路线等信息，若这些信息被盗，则会出现用户隐私信息泄露的风险；不仅如此，若自动驾驶汽车遭到网络入侵，还可能会出现车辆失控等危险情况，进而造成交通事故，威胁人们的人身和财产安全。

另一方面，汽车信息安全还在一定程度上影响着国家安全和社会稳定。智能网联汽车是智慧城市的重要组成部分，若遭到大规模网络入侵，可能会出现交通瘫痪、信息泄露等情况，导致国家安全和社会稳定受到威胁。

未来，车联网、自动驾驶等技术的发展速度不断加快，汽车信息安全问题也将日渐突出，美国独立机构波莱蒙（Ponemon Institute）曾针对网络安全问题展开调查，调查结果显示，汽车信息安全问题越来越严峻，未来因信息安全问题被召回的车辆将达到60%～70%。就目前来看，智能网联汽车的信息安全问题已经成为行业内外关注的重点，《智能网联汽车信息安全白皮书》指出，根据相关统计数据，有56%的消费者表示在购买汽车时会考虑信息安全和隐私保护问题。

就目前来看，人们对智能网联汽车的认知度和接受度越来越高，在汽车信息安全方面的要求也随之提高。若汽车出现数据泄露等信息安问题，消费者对该汽车品牌的信任度将会降低。对于汽车企业来说，应加强对汽车信息安全的重视，加强信息安全建设，保护营运过程中采集的各项敏感数据不被泄露、篡改或非法利用。

本书立足于当前全球智能网联汽车产业的发展现状与趋势，全面阐述智能网联汽车信息安全系统架构、关键技术与应用策略，分别从智能网联汽车信息安全技术的 8 个维度出发，通过范例实践验证，试图为汽车工程技术人员提供信息安全方面的操作指导，推动我国智能网联汽车产业的可持续发展。

由于作者水平有限，书中难免有疏漏之处，请广大读者批评指正。

著者

目录 CONTENTS

第1章　汽车信息安全概述 001
1.1　汽车信息安全整体架构 002
- 1.1.1　信息安全的概念特征 002
- 1.1.2　汽车智能终端安全 004
- 1.1.3　车载网络通信安全 005
- 1.1.4　云控服务平台安全 006

1.2　汽车信息安全防护机制 007
- 1.2.1　软件安全防护机制 007
- 1.2.2　数据安全防护机制 009
- 1.2.3　通信安全防护机制 009

1.3　汽车信息安全能力建设 010
- 1.3.1　网络安全防护能力建设 010
- 1.3.2　数据安全保障能力建设 012
- 1.3.3　用户隐私保护能力建设 013
- 1.3.4　信息安全能力建设的对策 014

第2章　基础软件信息安全 016
2.1　汽车基础软件平台构成 017
- 2.1.1　基础软件平台架构 017
- 2.1.2　车控操作系统 018
- 2.1.3　车载操作系统 020

2.2　基础软件信息安全概述 021
- 2.2.1　基础软件信息安全生命周期 021

		2.2.2 基础软件信息安全需求分析	023
		2.2.3 基础软件系统安全威胁分析	025
		2.2.4 基础软件信息安全系统架构	026
		2.2.5 基础软件信息安全研究范围	028
	2.3	应用软件安全防护架构	030
		2.3.1 Kernel 层	031
		2.3.2 中间件框架层	031
		2.3.3 应用层	032
	2.4	基础软件信息安全关键技术	034
		2.4.1 安全可信启动	034
		2.4.2 身份鉴别技术	035
		2.4.3 访问控制技术	037
		2.4.4 虚拟化安全技术	038

第3章 车联网安全威胁分析 041

- 3.1 车联网信息安全概述 042
  - 3.1.1 车联网信息安全风险 042
  - 3.1.2 车联网业务整体架构 043
  - 3.1.3 威胁分析与评估流程 045
- 3.2 车联网威胁分析与策略 048
  - 3.2.1 云端威胁分析与策略 048
  - 3.2.2 车端威胁分析与策略 049
  - 3.2.3 通信端威胁分析与策略 051
- 3.3 信息安全威胁分析模型 053
  - 3.3.1 EVITA 风险评估模型 053
  - 3.3.2 HEAVENSE 安全模型 055
  - 3.3.3 STRIDE 威胁分析模型 058
- 3.4 车载入侵检测与防御系统 060
  - 3.4.1 入侵检测与防御系统 060
  - 3.4.2 IDPS 系统原理与分类 061
  - 3.4.3 ethernet-IDS 检测技术 062
  - 3.4.4 国内外 IDPS 法规和标准 065

第4章 数据安全检测与评估 066
4.1 汽车数据安全的基础知识 067
4.1.1 汽车数据安全的治理现状 067
4.1.2 智能网联汽车的数据类型 068
4.1.3 智能汽车的数据安全风险 069
4.1.4 数据安全检测与评估框架 071
4.1.5 数据安全检测面临的挑战 073
4.2 数据安全检测与评估技术 074
4.2.1 数据采集 076
4.2.2 数据存储 076
4.2.3 数据认证 078
4.2.4 数据处理 079
4.2.5 数据流动 080
4.2.6 数据销毁 081
4.3 自动驾驶的数据隐私保护 082
4.3.1 自动驾驶的数据收集 082
4.3.2 数据隐私和安全挑战 084
4.3.3 自动驾驶的数据保护 085

第5章 车载网络通信安全 088
5.1 车载网络通信安全概述 089
5.1.1 车载网络安全现状 089
5.1.2 车载信息安全隐患 090
5.1.3 汽车外部通信安全 091
5.1.4 汽车内部通信安全 093
5.2 车载通信安全解决方案 095
5.2.1 域集中式 EE 架构 095
5.2.2 域控制器层安全 097
5.2.3 车内网络层安全 100
5.2.4 汽车 ECU 层安全 101
5.3 CAN 总线渗透测试 101
5.3.1 CAN 安全威胁属性 101
5.3.2 CAN 渗透测试方法 103

    5.3.3 CAN-IDS 入侵检测 104

    5.3.4 CAN 网络入侵案例 106

  5.4 DoIP 协议网络安全风险 108

    5.4.1 DoIP 协议的工作原理 108

    5.4.2 DoIP 协议风险与防御 111

第6章 网络安全风险与防御 113

  6.1 汽车网络安全概述 114

    6.1.1 网络安全证书管理系统 114

    6.1.2 设备数据安全防御技术 116

    6.1.3 身份认证互信互认技术 116

    6.1.4 网络安全量化风险管理 118

  6.2 汽车网络安全风险 120

    6.2.1 网络安全入侵案例 120

    6.2.2 网络安全入侵目标 121

    6.2.3 网络安全入侵方式 123

    6.2.4 PKES 系统安全风险 124

  6.3 汽车网络安全运营 126

    6.3.1 车辆安全运营中心 126

    6.3.2 IDPS-VSOC 工作流程 127

    6.3.3 VSOC 的主要功能 128

    6.3.4 车辆安全运营的挑战与趋势 130

第7章 传感器安全风险 132

  7.1 动力传感器风险 133

    7.1.1 轮速传感器风险 133

    7.1.2 惯性传感器风险 133

    7.1.3 TPMS 风险 134

  7.2 环境传感器风险 134

    7.2.1 激光雷达风险 134

    7.2.2 超声波传感器风险 136

    7.2.3 摄像头风险 137

  7.3 传感器的入侵手段 137

    7.3.1 自动驾驶汽车的脆弱性 137

    7.3.2 通过车载网络进行入侵 138

    7.3.3 通过卷积神经网络入侵 139

    7.3.4 通过摄像头进行物理入侵 141

第8章 信息安全风险测评 143

  8.1 国内外信息安全风险评估的发展 144

    8.1.1 国外汽车信息安全风险评估 144

    8.1.2 我国智能网联汽车评测技术 144

    8.1.3 TISAX 信息安全风险评估机制 146

    8.1.4 5StarS 全生命周期保障体系 147

  8.2 智能网联汽车信息安全测评技术 148

    8.2.1 信息安全测评对象 148

    8.2.2 感知信源层测试 150

    8.2.3 网络传输层测试 150

    8.2.4 应用服务层测试 151

  8.3 基于云平台的汽车软件测试技术 151

    8.3.1 智能汽车软件测试方法 151

    8.3.2 应用软件云测试的内容 154

    8.3.3 基于云平台的软件测试 155

    8.3.4 汽车软件测试评估体系 158

参考文献 160

第 1 章

汽车信息安全概述

1.1 汽车信息安全整体架构

1.1.1 信息安全的概念特征

智能汽车实现了互联互通,提升了驾驶效率,为驾驶提供了极大便利,使驾乘人员获得了更好的用车体验。不过,互联互通意味着信息的开放,这不可避免地会带来信息安全方面的风险和隐患。

2019 年起,开始有黑客对汽车信息发动攻击,他们所采用的手段包括信息篡改、病毒入侵等,受此影响,不断地有车辆因为信息安全问题被召回。如果信息安全无法得到有效保障,将在个人、企业乃至国家层面引发严重的后果,个人隐私会被泄露,个人信息可能被用于非法途径,而假若企业和国家机构的重要信息和数据遭到窃取,所造成的损失更是难以估量。因此,智能汽车的信息安全问题得到了高度重视,在汽车安全和网络安全领域都被视作重大课题。

不过,就目前而言,针对智能汽车信息安全做出的工作还比较有限,信息安全技术的成熟度有待提高。考虑到信息安全的重要性,面对这样的现状应当尽快作出改变。

信息安全是一个包含许多方面的系统性问题,只有兼顾每个方面,不留漏洞和短板,才能有效地保护信息安全。对已发生的信息安全事件进行分析,可以预见未来将出现新的信息安全入侵问题。

通信技术和网络技术在智能汽车上得到越来越多的应用,为智能汽车赋予了更多的功能,例如复杂环境融合感知、智能决策、协作控制等,汽车传感器、信息娱乐系统、车载移动应用程序都有成为新的入侵目标的可能。要想维护汽车信息安全,需要先对信息安全入侵以及发动攻击者有较为充分的了解,这样才能有的放矢,对症下药,制定出具有针对性的方案和措施,建立起坚固的车辆信息安全防护体系。

从基础概念层面来看,信息安全的特征主要体现在 4 个方面,如图 1-1 所示。

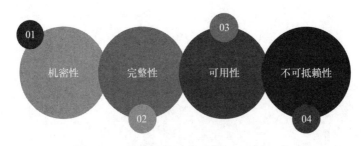

图 1-1 智能网联汽车信息安全的特征

（1）机密性

机密性是指对各项信息的授权和安全保护程度，防止各项信息泄露给非授权的人、组织或程序，避免出现非授权访问现象。具体来说，保密信息主要涉及车辆、用户和车外行人。其中，车辆中的保密信息主要包括密钥、证书和配置参数等内容；用户的保密信息主要包括个人隐私信息等内容；车外行人的保密信息主要包括与之相关的各项音频和视频等内容。一般来说，各项信息均可按照机密等级划分到不同的访问级别中，系统可以以此为依据，设置访问权限，控制各个访问级别的信息的开放范围，并通过通信加密、文件权限设置、文件数据加密、访问控制列表等方式来提高信息的机密性。

（2）完整性

完整性是指确保数据信息未经过非授权篡改或删除，避免攻击者通过因数据篡改等造成的漏洞对车辆发起入侵。一般来说，车辆需要充分发挥数字签名、安全启动、消息校验码等技术的作用，对控制器的配置参数、固件、操作系统、个人资料和通信报文等数据信息进行重点保护。

（3）可用性

可用性是指系统在某段考察时间内的正常运行概率或时间占有率。一般来说，车辆可以在传感器、执行器、控制器、基础设施、报文信号、控制信号通道等方面设置一定冗余，以便提高各项相关设备和设施的可用性。

（4）不可抵赖性

不可抵赖性是指用户不可抵赖自身行为和行为发生时间。一般来说，这一属性主要在电子商务领域发挥作用，系统可以充分发挥身份认证、数字签名、数字时间戳等技术的作用，提高交易行为和行为发生时间的不可抵赖性。"智能网联"的要旨是通过网络实现不同事物之间的全方位互联，包括车、人、路、云，互联的基本应用场景则包括车间通信、车载通信、人车互联、车路互联和车云互联，让用户享受到智能化带来的安全、舒适的全新体验。新一代网络通信技术是智能网联的技术支撑，智能网联汽车、移动智能终端、车联网数据云控平台等是它的实现载体，"云-管-端"模式则是它的整体逻辑框架。

"云-管-端"的逻辑架构在智能网联汽车信息安全架构中处于关键位置，决定着信息安全架构的防护能力、响应速度和恢复速度。维护车内网络、移动智能终端、车联网数据云控平台的安全，保护系统数据的隐私性，是"云-管-端"逻辑架构保障智能网联汽车信息安全的主要着力点。智能网联汽车信息安全技术是一个有待开拓和进步的领域，有许多的困难要克服，主要是因为经验和技术积累相对比较有限，同时需要应对的实际应用场景又比较复杂。在进行安全防护时，要注意采用综合手段。

下面首先对智能网联汽车智能终端安全问题展开分析。

1.1.2 汽车智能终端安全

在安全逻辑架构中,智能网联汽车的智能终端安全居于核心地位,在业内有着很高的关注度。当前智能网联汽车信息安全技术研究的重点是构建一个有效的安全防护体系,这一体系要运用"黑盒"防护机制,确保在智能网联汽车的整个生命周期内工作,并将其上升到基础理念的层面上去。另外,这一体系会将纵深防护体系作为技术蓝图,将软硬件安全防护作为保障。

首先,在汽车智能终端安全研究中,全生命周期管理是一项必不可少的前提性工作。2016 年,美国汽车工程师学会(Society of Automotive Engineers,SAE)发布了 J3061《信息物理融合系统网络安全指南》,其中提到信息安全防护应覆盖智能汽车的整个生命周期,以对安全威胁做出准确的识别和评估。

其次,在智能网联汽车的安全防护中,硬件安全芯片扮演着重要角色,可以有效地抵御入侵,强化安全防护。硬件安全芯片在汽车的控制系统中嵌入加密算法、访问控制、信息完整性检查,可提升智能汽车的安全级别。

除了硬件之外,软件保护同样也能取得较好的安全防护效果,可以作为成本较高的硬件安全芯片的替代或补充。软件保护可以通过 OTA 对车载操作系统和硬件固件进行升级,修复可能存在的安全性问题,还可以借助防火墙,参照访问地址、通信接口和通信协议实施访问控制,拒绝未得到授权的访问。软硬件协同的配置能够更有效地抵挡入侵,让防护体系变得更加坚固,为智能网联汽车的信息安全提供更可靠的保障。

智能车载终端 T-BOX(telematics box)的作用是实现车辆与外界之间的通信,是智能网联汽车最重要的通信终端,可以与控制器局域网(controller area network,CAN)总线、后台系统、云服务平台之间建立通信或交互,拥有远程控制、远程查询、安防服务等功能。

作为通信终端,T-BOX 的通信功能非常强大,又存有重要的车辆数据以及用户信息,这使得它成为许多攻击者的目标。目前攻击者主要通过两种手段威胁 T-BOX 的安全:一种是固件逆向,对 T-BOX 固件进行逆向分析,获得加密算法或密钥以窃取或篡改数据;另一种是信息窃取,T-BOX 预留的调试接口可以用来读取内部数据,攻击者会利用这些数据进行入侵预分析,用户的通信数据则可能被攻击者运用通信端口数据抓包的方式窃取到。

智能汽车外部设备与 CAN 总线之间建立连接,要借助车载自动诊断系统(on-board diagnostics,OBD)这一重要接口。OBD 可通过下达和接收诊断指令的方式实现与总线之间的交互,以此来诊断车辆存在的故障。OBD 与 CAN 总线之间的交互模式有三种,对应三种不同的安全级别,其中,OBD 与 CAN 总线交互且数据可读取、可写入的这种模式的安全级别最低,相应的安全风险也最大。

具体来说,针对 OBD 的安全威胁主要体现在如表 1-1 所示的几个方面。

表1-1 针对OBD的安全威胁

序号	针对 OBD 的安全威胁
1	通过OBD，攻击者可以实现总线控制协议的破解和ECU控制指令的解析，为实施进一步的入侵做好准备
2	通过OBD，接入汽车总线网络的外接设备上可能有入侵代码，这会被攻击者所利用
3	由于OBD接口没有认证机制，不能鉴别入侵和恶意消息，这会使许多接触式入侵有机可乘

1.1.3 车载网络通信安全

在智能网联汽车信息安全入侵中，车载网络通信又是主要的入侵目标。中间人入侵（man-in-the-middle attack，MITM）的这种入侵手段已有较长的历史，至今仍是攻击者的常用选项。在这种攻击方式中，攻击者扮演中间人的角色，插入到通信的两端之间，对通信进行监视、篡改或劫持。

具体到对于车载通信的入侵，攻击者会伪造通信基站，采用域名系统（domain name system，DNS）欺骗的方式监听通信，这样一来通信协议会遭到破解，用户的个人信息和重要敏感数据将会泄露。为了对这一入侵方式进行有效应对，未来的车载网络通信将更多地采用直连模式。

攻击者还可能通过恶意节点入侵智能网联汽车，对通信信息造成破坏，信息受损可能对汽车的行驶过程造成难以估量的负面影响。还有，智能网联汽车装有许多种短距离无线通信接口，这些接口同样可能成为攻击者的入侵面。

车载通信的安全保护问题需得到充分重视，目前安全防护的着眼点主要在"车-云"通信上，从访问控制、通信加密、异常流量监控等方面入手建立安全防护架构。

（1）访问控制

访问控制上，确立安全分级访问机制，实行分域化管理。智能网联汽车有两个APN接入网络，表示为APN1和APN2，分别负责车辆控制域和信息服务域的通信，前者因为涉及控制指令和敏感数据具备较高的安全级别，后者主要涉及的是信息娱乐资源。将车辆控制域和信息服务域隔离开来，分成两个不同的区域进行管理，具体要从以下几个方面入手。

① 将 APN1 和 APN2 的网络分成两个安全域，分别对应不同的安全等级，由此对访问权限做出明确规定。

② 分开车载网络中的控制单元和非控制单元，同样形成不同的安全级别，控制单元的访问控制将更加严格。

③ 把不同安全级别的数据隔离放置，通过分隔各级别数据的存储设备来实现。另外要加强网络访问的控制，设置一个访问 IP 白名单，车辆控制域不可访问名单之外的 IP 地址，这样攻击者便无法对车辆控制域进行干扰。

（2）通信加密

通信加密上，首先基于公钥基础设施（public key infrastructure，PKI）证书进行身份认证，对传统车辆编码绑定的方式做出改进，避免车辆信息伪造，证书会写入车辆的安全芯片中，车辆经过身份认证后方能得到与私有云之间的通信权限。车辆和私有云的通信数据将受到加密处理，加密需由证书进行密钥验证，HTTPS 应用层加密或 SSL、TLS 传输层加密将提供加密协议，经过加密之后，通信数据的安全性将大大提高。

（3）异常流量监控

异常流量监控上，可以根据车辆的实际需求提供定制化的监控服务，观测主要的安全事件类型，检测到异常流量时发出警报，关于流量状况的历史数据可以保存下来以供随时查阅。异常流量监测还包括对网络的控制，确定 IP 地址白名单，设置防火墙和入侵检测系统，当发现异常 IP 正在进行通信时，可加以阻止和中断。

1.1.4　云控服务平台安全

云计算技术为汽车云控服务平台的搭建提供了基础，因而云计算技术的安全性对汽车云控服务平台的安全性有着直接的影响。目前，对云控服务平台的安全威胁体现在多个方面，比如操作系统漏洞、虚拟资源控制、跨站点脚本安全入侵等，在访问控制上，账号访问权限和密钥有泄露的风险。云平台是数据交互和调度控制的实现载体，操作权限相对较高，在云平台和智能汽车之间建立连接时，要对访问进行合理的控制，以保护用户的隐私和敏感信息。

不过，目前很多管理平台还没有形成相对成熟的访问控制策略，在进行身份认证时仅以固定凭据作为依据，这种方法是不可靠的，攻击者可以很容易地通过伪造凭据获得管理平台的访问权限。

如今，云平台安全保障技术研发已经取得了一定的成果，这可以为汽车云控服务平台的安全防护提供参考，借助网络防火墙、入侵检测和防护系统等多种手段，从系统、网络、应用程序等方面入手有效地防护云平台的安全。

此外，云平台本身的功能强化也为其安全防护提供了坚实的基础，增添了多种有效手段。云平台配备的多种云安全组件使其得以更好地执行集中管理和控制。比如，安全检测服务可以参照云端交互数据和车辆日志数据，对智能终端的状况以及数据安全性进行检测；通过 OTA 更新可以加强验证，及时修补漏洞；借助证书来识别加密密钥和登录凭证，确认用户权限。

1.2 汽车信息安全防护机制

1.2.1 软件安全防护机制

自动驾驶向更高的阶段迈进，需要用到更多的新型传感器，对于算力的要求也会相应提高。为了满足算力方面的需求，内置硬件模块中要配备更多具有更强性能的芯片。从芯片到整车，汽车开发需要经历一段较长的生命周期，在整个生命周期内，汽车的功能安全和信息安全是一项核心需求和关键课题，如图 1-2 所示。

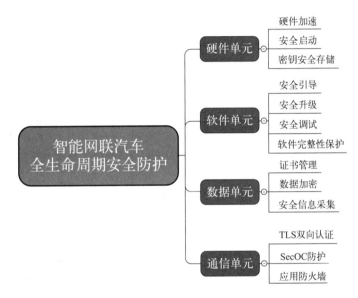

图 1-2 智能网联汽车全生命周期安全防护

在自动驾驶系统的安全问题上，构建域控软件的安全纵深防护是至关重要的一点，这是保障控车安全、抵御恶意入侵的关键举措。具体来说，可以从如图 1-3 所示的几个方面入手建立安全防护机制。

图 1-3 域控软件的安全防护机制

(1) 软件安全导入

启动域控时要加载驱动程序,写入启动镜像的签名密钥。可以采用在线托管服务对密钥进行加密,起到保护作用,保证启动的安全性,密钥签名的作用是保护域控核心固件(MCU、SoC)的信息。

(2) 软件完整性保护

如果域控软件的完整性无法得到保证,内部软件就有遭到篡改的风险。自动驾驶域控制器设备固件和软件的升级分别要借助固件远程升级(firmware over-the-air,FOTA)和应用软件远程升级(software over-the-air,SOTA),针对两个升级过程采取有效的保护策略保障其完整性,抵御恶意软件的植入,是软件完整性保护的重要工作。

运行软件包和在线升级软件包中含有软件文件,通过检测和验签得到两个软件包文件的一致性情况,这要用到 MD5 值验签等比对方法。以 OTA 软件包为例,在验签时需建立一个文件列表,列表中存有升级文件的相关信息,包括属性、MD5 值等。升级文件还需要文件签名,这要借助托管于数字证书系统的密钥来完成。列表信息文件、签名文件、验签密钥的升级文件包被篡改的概率将明显降低,保证自动驾驶上层升级软件的完整和真实。

(3) 软件机密性保护

软件机密性保护需要从软件本身和软件密钥两方面入手。就软件本身而言,域控软件包括密钥、数据、隐私等重要程度较高的信息和数据,需得到有效保护。许多因素会造成密钥信息的泄露和损失,包括来自外部的黑客入侵,以及来自内部的存储介质、文件系统、写入等方面的异常情况,因此需要软件密钥来加密密钥信息和数据,提升密钥的安全性,应对风险和隐患。

自动驾驶的软件升级包存有许多重要信息,包括程序、配置、算法、数据等,需对软件升级包进行加密,随后借助 DoIP 协议升级固件和软件,保证数据的安全性。出于维护软件升级包机密性的考虑,解密和验签 AES 密钥要用到解包工具。

(4) 软件可信度保护

对于远程控车请求,应实时验证其真实性,虚假控车请求很有可能引发严重后果。

(5) 软件通信保护

攻击者可能通过窃听、伪造、篡改、重放等方式对通信实施入侵,需针对这些入侵方式做出防范,保证通信的稳定、真实、可信。在实施安全保护时,车企会从硬件入手,在汽车 SoC 中加入硬件信任根。所谓硬件信任根,指的是硬件系统中可信任的模块或芯片,其代表的身份或过程具有不可变性。借助硬件信任根,可以保证系统的访问权限只有属于车企的特定身份能得到,并开辟远程管理设备和部署服务的安全通道。

1.2.2 数据安全防护机制

自动驾驶域控制器包含数目较多的数据铭文存储信息，如驾驶路线、地图、回传数据等。这些信息和数据非常关键，一旦泄露将产生很大影响，因此需要保护其机密性，对其进行加密存储。为了实现更好的加密和解密性能，使系统性能受影响更小，需运用高级加密标准 AES，这需要相关部件的支持，即高阶域控制器的 SoC 侧的 ARM 核。

此外，Linux 自带的文件系统也可用于高级标准加密，域控底层软件的操作系统为 Linux，则可以采用此加密方式。采用此种加密方式时，应用程序可以清晰地了解到加密和解密的过程，不必借助任何代码。如果操作系统为 QNX，可采用账户加密的方式，保障串口和网口的安全性。

在进行数据信息采集时，要实时监控系统运行，检测对象包括文件、配置、进程、会话、网络通信等。如果发现系统中存在异常事件和行为，将形成异常日志和安全事件，前者将存入加密数据分区，后者将由云端数据端口做出分析。由此，运维人员可以及时有效地处理安全风险和隐患，如果安全隐患进入到后续的数据闭环中，将对运维系统产生很大的威胁。

高阶域控的数据安全入侵面主要有数据采集、数据回传、数据下发、数据本地端处理，这几个方面的共同点是都涉及数据，并且与云端服务器之间都存在交互行为，交互行为要用到云端连接服务单元作为交互设备，包括 TSP、TBOX 等。

高精地图维护需要从云端下载数据，下载的时间和周期是固定的，此方面通信受到入侵的概率最高。车企为了防御针对此方面的入侵，维护数据通信过程的安全性，会对发送端和接收端实施双向认证，这要用到签发的设备证书。拥有设备证书的域控内部模块才能获得外部服务数据的访问权限，同时，将接受访问的服务端数据应保证真实有效，数据的校验需借助安全传输层协议（transport layer security，TLS）的双向认证。

各硬件模块和软件模块之间有安全传输层协议 TLS，这是 ECU 间数字证书有效验签的条件之一，模块间 TLS 的实现由证书管理模块负责。此外，实现有效验签还需在验签过程中保持收发端时间同步。

1.2.3 通信安全防护机制

在下一代自动驾驶系统架构中，车辆电子控制器（electronic control unit，ECU）的通信连接要着眼于域控制器及其周边，用到的工具有控制器局域网（controller area network，CAN）、FlexRay❶ 或 ETH❷。域控制器内部通过串行外设

---

❶ FlexRay 是一种用于汽车的、高速、可确定性的、具备故障容错能力的总线技术。
❷ ETH 总线是一种基于以太网技术的汽车通信协议，也称为以太网总线。

接口（serial peripheral interface，SPI）、IIC❶、ETH等实现连接，车端的通信数据闭环要借助车载以太网。

CAN和ETH是域控和周边关联件通信防护的重点。首先来看CAN，在车辆内部，CAN总线是信息交互和通信的重要载体，发动机、刹车、转向、辅助驾驶模块、ABS（防抱死制动系统）、油箱、车门等众多部件的通信都要建立与CAN的连接，可见CAN是通信防护的重要切入点。

一般情况下，CAN通信使用安全板载通信（security onboard communication，SecOC）技术，要用到车联接口，同时，CAN又与车辆的许多个接口之间存在连接，形成了外部通信接口。攻击者可通过劫持以上接口对相应的控制单元实施入侵。以前车内电子部件数量不多，也没有实现联网，因此相关的安全问题未得到凸显，这一现状将随着智能网联汽车的崛起而发生改变。

ETH使用安全传输层协议TLS作为防护技术，各芯片的主节点和从节点之间、系统级芯片（system on chip，SoC）和微控制单元（microcontroller unit，MCU）之间存在通信，围绕这些方面的通信建立起内部防护机制，外部网络不参与内部局域网VLAN的通信，这样外部网络遭受的入侵不会传导到内部网络。

为了达到这样的效果，内部网络不可要求以VLAN的通信方式与外部网络实现通信，数据闭环、高精地图等处于域控内部的设备和应用如果想要与外部网络之间建立连接，可以借助远程信息处理服务提供商（telematics service provider，TSP）等。未授权网络访问内部网络会造成更大的安全风险，应对此风险要对网络访问增添一定的限制，建立一份通过授权网络的白名单，出现在白名单上的网络才能访问内部网络。此外，记录异常网络事件，形成安全日志，以更好地掌握网络安全状况。

1.3 汽车信息安全能力建设

信息安全是智能网联汽车面临的四大安全问题之一，具体而言，智能网联汽车信息安全包括网络安全、数据安全和隐私保护三部分。

1.3.1 网络安全防护能力建设

汽车网络安全主要针对汽车的联网功能，其本质上是通过各种措施，识别、阻挡来自网络的病毒、恶意软件等对车辆系统造成侵害，具体的防护措施既包括经典的防火墙、网络入侵检测系统，又包括针对车辆基本功能设计的防护手段，如安全

---

❶ IIC（inter-integrated circuit）是IICBus的简称，所以中文应该叫集成电路总线，它是一种串行通信总线，使用多主从架构。20世纪80年代，飞利浦公司为了让主板、嵌入式系统或手机能够连接低速周边设备而发展。

启动、安全通信、安全连接等在汽车控制器聚合的安全防护单元。

但是，仅仅依靠上述手段并不能完全满足智能网联汽车网络安全的需要，因此需要形成纵向的实时防护网络，贯穿车辆的物理硬件层、应用软件层与操作行为层，形成车辆全覆盖、车云交互、端云互动的立体防护网。

智能网联汽车安全措施是汽车信息安全的基础，车端纵深防护体系是保护车辆免受外部入侵的直接关卡，云端动态防护体系则通过精准的识别判断能力和高效的响应能力指挥车辆做出反应，阻断入侵。而纵深防护系统和动态防护体系共同以异构域控制器为载体，实现了对车辆由内而外的全方位防护。

具体来说，智能网联汽车网络安全防护能力建设主要体现在以下两个方面。

（1）建立整车多域异构的纵深动态防护能力

数字化场景下车辆配置的多样性导致了车端域控制器架构的差异化，这与车辆安全防护的统一性要求存在一定冲突，因此需要进一步提升安全防护体系的域控制器架构适应性。

纵深防护体系本质上是一套静态防护体系，这一体系主要位于车端控制器的底层，通过密码实现对车辆各基础功能的安全管理，该防护体系具体包括对车辆的启动、升级、通信、登录等基本功能的监控与漏洞识别、防火墙、车辆指令防护等安全屏障以及双向认证、证书管理等识别认证功能。

这些功能设置的原因是保证车端域控制器的安全性，提升攻击者的入侵成本，实现入侵防御的前移。为了保证系统被攻破后恶意病毒不会在系统内横向裂变造成更大范围的破坏，需要通过动态防护体系主动识别恶意入侵行为，并迅速将入侵信息传递给安全运营中心，及时对入侵进行阻断。同时，安全运营中心还负责防护体系的优化与同步，当某辆车遭受入侵后，针对攻击者的安全防护网络将会迅速覆盖全网车辆，形成动态实时的防空警报式防御体系。

（2）持续改进汽车韧性安全运营能力

智能网联汽车大规模生产后即进入到应用推广阶段，在实际应用场景中行驶，此时车辆开发阶段所植入的安全防护措施的防护效力难以保证，且随着智能网联汽车使用时长的增加，车辆也将不断面临新的情况和挑战，此时为了保证汽车使用的安全性，需要不断对安全防护系统进行优化迭代，同时不间断地识别安全事件，规避车辆遭受网络攻击的风险。持续安全运营的主要内容包括对资产、漏洞和事件的管理。

① 资产管理。资产管理是安全运营工作的基础内容，资产是安全运营边界确定的重要指标，对于智能网联汽车而言，资产管理涉及的项目基于车辆实体，具体由车载网络信息系统、车载联网通信系统、数字钥匙控制器等构成智能网联系统的域控制。简而言之，资产管理是对车辆硬件模块与车辆整体功能关系的集成。

② 漏洞管理。漏洞管理是驱使车辆信息安全不断优化升级的重要因素，主要由三部分组成，如表 1-2 所示。

表1-2 智能网联汽车漏洞管理

漏洞管理	具体内容
漏洞收集	主要是进行漏洞溯源，结合智能网联汽车的开发和集成，在此过程中需要将传统安全漏洞纳入考虑，常见的来源有行业和第三方漏洞库、渗透测试中发现的漏洞等
漏洞识别	根据已知的漏洞定位到与之匹配的零部件，从而进一步获取漏洞详情、级别、影响范围等详细信息，作为后续安全管理人员进行漏洞危害评估、确定解决方案的依据
漏洞处理	具体包括通过评估和验证进一步确定漏洞的级别与危害，随后进行更新，更新后随汽车的远程升级流程接受测试验证、小批量验证与全量升级等阶段，最终完成修复

③ 事件管理。事件管理即对汽车的运行进行监控，提前在众多事件中识别出可能会造成危害的安全事件，最大程度上规避网络风险，被识别到的安全事件将以安全日志和告警的方式被发送给相关管理模块。但由于很多非安全事件以及非入侵性操作也会形成安全日志和告警，因此还需安全人员进一步进行安全日志与告警分析，以定位出真正的安全事件。

由于网络安全与车辆工程的交叉性人才较为稀缺，因此现有的处理人员数量难以满足大量的日志与告警处理需要，所以需要借助智能化手段代替人工，通过安全编排和AI对告警进行自动化验证与处理，安全工作者仅需对识别难度较高的事件进行判断即可。

作为即时性、交互性要求较高的交通运载工具，智能网联汽车各功能的实现过程存在较多的高风险区域，通过资产管理、漏洞管理和事件管理收窄智能网联汽车的高风险区域，再配合以监控、识别和风险处理等常规性防护手段，将能够形成全方位无死角的安全运营网络，更好地应对来自车辆终端运行以及复杂环境中的各类安全挑战。

1.3.2 数据安全保障能力建设

汽车数据安全贯穿了车辆中各类数据从产生到被销毁的全生命周期，涉及了数据处理的多个环节。数据安全措施具体包括数据识别后对数据进行分级处理、按照数据类型和级别采取不同层级的加密、偏转以及匿名化处理，确保数据在传输过程中不会被泄露或被拦截；提升数据存储手段和存储方式的安全性；对数据访问行为设置一定的认证条件等。

智能网联汽车的数字化使得汽车本身作为终端与手机、自动驾驶控制端、云端等实现了多端互联，这些终端的彼此交互将产生大量的数据，这些数据规模巨大、精确性高且应用路径灵活，这些特性是数据安全保护中需要重点考虑的内容，基于此，可采取以下三个措施提升汽车的数据安全保护能力。

（1）识别个人信息、重要数据和核心数据

数据识别是数据安全的第一道防线。数据识别首先要对数据进行归类，对标行业通用的数据分类要求，划定数据的级别和属类，随后对数据采集和处理过程进行识别，确保数据的用途、使用者权限等符合数据安全的管理原则，确保车辆在法律许可范围内有正规授权的前提下进行数据的采集和使用。

（2）对数据进行有针对性的保护

对于识别后的数据，应进一步进行细分，并根据不同级别数据的特性采取与之相匹配的手段进行保护，具体包括剔除敏感内容、进行编码保护、修改数据坐标等，以确保数据在传输之前就已做好保护，不易被发现和截获。此外，通过端-端双向认证构建起加密链路，实现数据传输的全过程保护，将对数据的安全保护延伸至完成传输后的数据存储和加工使用阶段。

（3）确保数据能够安全有序地流通

智能网联汽车的部分功能在开发过程中需要使用标注数据对模型进行训练，而提供数据标注服务的供应商往往在海外，此时就要保证数据流通过程的安全性，此时需要从多个角度保护好数据在流通过程中的安全，如表1-3所示。

表1-3 数据流通安全

序号	具体措施
1	做好供应商数据安全能力评估，确保供应商具有接收数据并对其进行处理的资质
2	对数据处理行为进行规范，通过签署数据委托处理协议保障数据的保密性
3	做好数据泄露后的补救准备，通过嵌入水印对流通的数据进行标注，并对其进行监控，当数据泄露后，可以依据标记采用技术手段追回数据，并通过法律手段进行维权，以保障数据安全，保护公司的知识产权

1.3.3 用户隐私保护能力建设

用户在使用信息时往往需要录入个人身份信息进行验证，在汽车使用过程中也会产生大量的隐私数据，汽车的隐私保护即是保证这一部分数据不会被不法分子盗取并用于非法活动。具体方式是通过公开的隐私政策让用户了解自身数据从被收集到最后被销毁的全过程。同时车端在进行数据收集时应进行必要的匿名化处理，进行数据初步脱敏。此外还需对数据收集的范围进行严格限制，只针对需求程度达到一定级别的数据进行收集，从源头上降低隐私泄露概率。

在智能网联汽车的应用场景下，智能网联与不同端之间的网络连接涉及海量的数据交互，因此也就更易产生隐私安全问题。针对这一情况，行业内研究人员聚焦于汽车功能的正常实现与用户隐私的保护，探索出了隐私设计、数据脱敏、静态数据发布的匿名模型、隐写与隐写分析等用户信息保护手段。

具体来说，用户隐私保护能力建设主要体现在以下两个方面。

（1）隐私设计与隐私条款的制定和落实

用户隐私保护除了通过技术手段设置各类屏障，同时还需要通过法律和政策的颁布对数据收集者和使用者的行为进行约束，这些法律法规的关涉内容包括明确智能网联汽车收集、处置和传输用户数据的途径和方式，用户对数据的使用和处置权利，如访问数据、修改数据、清除数据等，让用户在合法范围内拥有对自身数据的支配权。同时车辆供应商与服务商也须依法依规对用户数据进行利用，否则将依法受到惩处。

（2）隐私保护技术合理有效地应用

数据匿名化处理是进行数据脱敏的关键手段之一，通过对个人身份信息、应用隐私数据等进行修改，抹去其中的姓名、职业等直接指向用户身份的信息，便能在一定程度上降低数据的隐私级别，即使出现数据被恶意获取或泄露，也不会对用户造成直接的困扰。数据收集初期是匿名化处理实施的最佳时间区间。此外，为了确保用户数据满足合理的隐私期待，从而不被泄露造成损失，需要借助先进的技术手段在数据收集、传输和存储的过程中对数据进行加密，防止数据被伪造源IP地址的访问者访问或被入侵和泄露。

通过上述措施，智能网联汽车制造商与服务供应商既能够保证用户的隐私权不被侵害，同时也能够进一步提升用户数据处理素养，让用户在深度理解数据隐私保护的基础上自觉规范自身的数据使用、分享行为，配合制造商与供应商进行数据保护，从而构建以隐私安全为基础的智能网联汽车良好业态。

1.3.4　信息安全能力建设的对策

（1）完善相关法律法规，规范智能网联汽车的安全标准

从法律层面针对信息保护等行为做出规定，是构建智能网联汽车安全保护体系的第一步，而这一行动的实施需要做好业内相关标准的配套，如对智能网联汽车信息安全标准进行更新，使新的标准覆盖网络安全、数据保护与用户隐私等方面。此外，在法律法规制定的过程中要秉持发展性眼光，使新制定的内容既贴合当下实际，同时又有一定的拓展空间以匹配未来的技术发展。安全标准的制定应力求全面，对车辆从设计开发到最后报废的全生命周期进行规定，同时还应细化到各个系统、各个模块乃至各个零部件。此外，标准需具有一定的通用性，以便于行业整体数据安全生态的构建。

（2）加强政府监管，建立全面的安全审查和认证体系

政府部门从制度和体系建设角度切入，加强智能网联汽车行业信息安全的监管，确保车辆在相关标准的指导下进行生产、销售与交付，此外还应严格执行对新车型与新系统的安全审查与认证，做好车辆量产前的安全测试工作，同时将车辆的网络安全防御能力、数据安全保障能力和用户隐私保护措施作为审查重点，既保证车辆本身的安全达标，同时也给车辆用户带去更多的安全感。

（3）鼓励技术创新，加大对智能网联汽车信息安全研究的投入

随着网络入侵不断升级和技术的不断迭代，要想在不断涌现的新威胁、新挑战面前保证智能网联汽车的安全性，必须在技术创新方面加以投入，保证信息安全技术的前沿性。这需要政府、企业多方携手并进，加强内部资源的整合与调配，并与高校、研究院等技术研究机构展开合作，不断进行相关领域的技术探索，以期获得突破性成就。此外，在资源投入方面，应注重汽车信息安全关涉领域的多样性，注重网络安全、数据保护与隐私保护等多个领域的矩阵式配合，从行业整体技术提高的角度进行相关探索和研究，以实现全行业的进步。

（4）提升公众的安全意识，加强智能网联汽车安全宣传教育

用户是智能网联汽车的直接应用主体，也是智能网联汽车安全体系的关键一环，因此提升用户信息安全素养、强化用户信息安全认识、规范用户自身信息处理与使用行为对于提升智能网联汽车信息安全防护能力具有重要意义。供应商和政府相关部门应通过安全讲座、新媒体科普内容、宣传手册等向用户宣传如何科学地使用智能网联汽车、规范地进行信息录入及管理等操作，并逐渐将宣传范围扩大到整个社会，在全社会构建起重视汽车网络安全与数据隐私安全、警惕汽车网络安全入侵与隐私数据泄露的良好氛围。

第 **2** 章

基础软件信息安全

2.1 汽车基础软件平台构成

2.1.1 基础软件平台架构

智能网联汽车功能的丰富往往要通过所安装的应用程序来实现,"软件定义汽车"已经成为未来汽车行业发展的新风向。此背景下,整车软件开发平台受到了越来越多业内人士的关注。该平台可以在安全范围内对开放的车辆应用程序编程接口和软件工程包进行利用,在原有软件的基础上进行升级,从而实现汽车软件的快速迭代,提升汽车软件开发和部署效率。

随着汽车智能化程度的不断提高,基础软件的重要作用也日渐凸显,其与芯片硬件共同支撑起智能网联汽车的底层能力系统。基础软件顺应了汽车智能化、网联化发展潮流,汽车电子电气架构从分布式走向中央计算的变化趋势,能够满足ECU功能高集成化对统一软件架构标准和通用硬件平台的需要。

汽车基础软件是一系列为汽车控制和应用功能开发提供支撑的软件的集合,包括虚拟化、中间件等,其主要功能是降低软件和硬件之间的依赖程度,为功能集成提供条件,并不直接参与用户应用功能的实现。基础软件平台由内核、虚拟化、中间件及功能软件共同组成,与硬件共同构成了计算基础平台,而计算基础平台则与应用软件共同构成计算平台。计算平台是计算机系统硬件与软件设计和开发的基础,具体如图 2-1 所示。

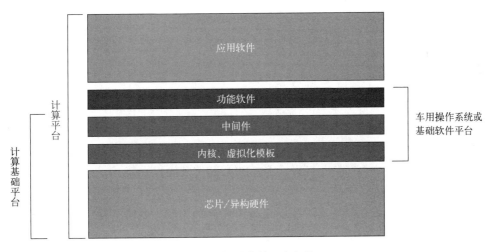

图 2-1 基础软件平台架构

2019 年,中国软件评测中心和赛迪(浙江)汽车检测服务有限公司联合发布了《车载智能计算基础平台参考架构 1.0》,对于自动驾驶操作系统进行了定义。2021 年，汽车标委会（NTCAS）又陆续发布了《车控操作系统架构研究报告》《车控操作系统总体技术要求研究报告》《车载操作系统架构研究报告》《车载操作系统总体技术要求研究报告》等研究报告，对汽车基础软件进行了明确定义。

车载芯片软件主要用于对处理器和控制器芯片进行驱动，让芯片发挥其作用，使得用户对车辆的控制得以实现。一般包括 CAN 驱动、I/O 驱动、SPI 驱动、ADC 驱动等，但是一些算力较强的计算单元还需要芯片外设驱动、Bootloader、硬件抽象层等。虚拟化（hypervisor）主要面向汽车的 CPU、内存、磁盘空间等硬件，对其进行抽象、转化后进行呈现，在需要时进行分割重组，更好地对硬件资源进行合理配置。中间件（middleware）具有高适配性，具有统一标准和协议，能够对不同系统的软件进行互联互通，可以匹配多种系统环境并在其中运行，能够有效提升应用软件开发、集成的效率。车用操作系统按照应用场景和功能可以划分为车控操作系统和车载操作系统两类，如图 2-2 所示。

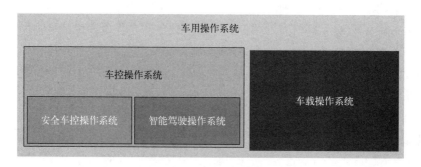

图 2-2　车用操作系统分类

2.1.2　车控操作系统

车控操作系统是在不同制程架构、不同指令集、不同功能的计算单元组合所形成的混合的计算系统场景下应用，以异构硬件为载体，是为智能网联汽车自动驾驶功能和稳定运行提供平台的软件集合。车控操作系统能够为自动驾驶功能提供强大的运行环境，可以分为安全车控操作系统和智能驾驶操作系统。

（1）安全车控操作系统

安全车控操作系统包括实时操控系统、硬件抽象层、基础软件、运行时环境和实时控制功能服务五个部分。主要用于对传统车辆控制领域的操控，如车辆动力系统、车辆底盘系统等。

安全车控操作系统中的主要部分是实时操作系统（real-time operating system，RTOS），其面向车辆的电子控制单元 ECU，能够满足 ECU 的快速响应、高效处理需求，在极短时间内完成资源分配、任务同步等。嵌入式实时操作系统稳定性高、响应速度快（可达到毫秒或微秒级别）、接收输入后能够及时做出反馈且能够实现多路通信。

安全车控操作系统是实现车辆行驶功能和动力性的保证，因而要求其具有极强的实时处理能力和极高的安全性，当前这类技术已经处于较高的发展阶段。在参数配置方面，为保证其实时性，安全实时操作系统内核要求能够支持单片机 MCU 的运行，同时能够使用 Classic AUTOSAR（automotive open system architecture，汽车开放系统架构）标准等中间件；为保证其安全性，安全实时操作系统应该部分达到 ISO26262 ASIL-D 级安全认证。安全车控操作系统纵向架构如图 2-3 所示。

图 2-3　安全车控操作系统纵向架构

（2）智能驾驶操作系统

智能驾驶操作系统主要在智能网联汽车中被使用，以实现高级驾驶辅助系统（advanced driving assistance system，ADAS）功能，其主要应用场景是对智能驾驶功能进行控制的控制器，此类操作系统要求高安全性、高可靠性、高性能和高算力。智能驾驶操作系统纵向架构如图 2-4 所示。

图 2-4　智能驾驶操作系统纵向架构

与安全车控操作系统相比，智能驾驶操作系统的优势主要体现为如表 2-1 所示的几点。

表2-1 智能驾驶操作系统的主要优势

主要优势	具体内容
强大的算力	支撑驾驶过程中对传感器所传输的各类图片的识别、ECU决策等过程中所需进行的大量计算
强大的数据处理能力	实时接收多个传感器所传输的数据，并对其进行迅速处理
适用性强	灵活度高、扩展性强，采用可以编制程序的存储器，能够为多种算法模型提供运行环境
快速学习能力	能够快速学习，操作复杂性低，能够支撑ADAS和自动驾驶算法的调试、调优、测试

智能驾驶操作系统内部的各个单元所加载的内核系统安全等级因异构分布硬件架构的原因而有所不同：AI单元内核系统支持QM到ASIL-B安全等级，计算单元内核系统支持QM到ASIL-D安全等级。智能驾驶操作系统逐步趋于将相似功能的组件组合在同一层级，不同的层次负责不同任务的纵向分层发展，以降低层与层之间的功能依赖度，实现功能集成，提升软件开发和移植的效率。

2.1.3 车载操作系统

车载操作系统的主要功能是管理和控制车载软件、硬件资源，提供多种形式的人机界面，对上层软件的运行提供支撑。车载操作系统与智能座舱各种功能的实现密切相关，而数据和信息的交互是功能实现的重要支撑，因此其所处理的数据必须是安全、合规的。

车载操作系统介于车辆的底层硬件与用户之间，主要用于实现车辆的信息娱乐功能，并提供HIM接口，将座舱打造为"智能移动中心"，实现座舱内各类信息的融合处理。车载操作系统在车机中控、仪表、T-BOX等系统中多有应用，主要功能表现为对车辆个性化和智能化的满足，提供良好的车辆使用体验，如提供导航、车载音乐播放、辅助驾驶、手机互联等功能，对于安全可靠性的要求处于一般程度，但需要确保其处理的数据安全合规。车载操作系统的纵向架构如图2-5所示。

图2-5 车载操作系统纵向架构

2.2 基础软件信息安全概述

2.2.1 基础软件信息安全生命周期

（1）概念开发阶段

在概念开发阶段，汽车行业的相关工作人员可以分析转向和远程控制等各项整车功能，并在此基础上充分发挥信息安全分析模型的作用，找出车辆中存在的信息安全漏洞，进而实现对安全等级的有效评估。

为了支撑智能网联汽车实现信息安全，汽车行业的相关工作人员需要专门设计信息安全纵深防护体系，从云端、车云通信、车端控制器、应用软件和硬件等多个层面入手，加强信息安全防护，提高各项相关措施的安全性，为车辆提供机制层面的信息安全保障。

具体来说，基础软件的安全需求主要涉及以下两项内容：

• 整车功能和控制器的信息安全需求。以控制器为例，基础软件需要为特定控制器的加密通信提供支持，确保其可实现密钥管理、加密认证、加密存储和安全通信协议等各项信息安全相关功能。

• 基础软件自身在信息安全方面的要求。基础软件需要明确自身既不会出现安全启动等问题，也不存在公开漏洞。

为了实现软件安全，汽车行业的相关工作人员需要从硬件的安全信任根入手，进行安全分析，对访问权限、程序完整性、参数合理性等内容进行验证，确保所有的程序调用均已经过验证。

软件实现过程中的信息安全问题主要与以下三项内容相关：

① 开源代码。近年来，车载软件的开源范围不断扩大，相关开发人员可以从开源库中获取编写程序所需的开源代码，提高软件实现速度，但由于各个开源库的信息安全水平参差不齐，部分缺乏维护的开源库中存在许多安全漏洞，可能会带来各种信息安全问题。为了提高系统的信息安全水平，相关开发人员在使用开源代码时还需选择具有持续支持的开源库，并对开源库的补丁进行动态更新。

② 开发周期长。在汽车行业中，控制器的稳定性是影响车辆安全的重要因素。一般来说，车型开发周期可能长达 2～3 年，汽车中所装配的各项软件的版本均具有较高的成熟度，因此，软件可能在车辆开发过程中被挖掘出许多漏洞，导致软件安全得不到充分保障，为了确保上市车辆的信息安全不受影响，汽车行业的相关工作人员需要在车辆量产上市之前，及时更新系统，扫描并修复漏洞。

③ 开发人员缺乏信息安全意识。开发人员对功能的关注度较高，极易忽视信息安全防护问题，导致程序中存在许多易被攻击者发现并利用的漏洞。为了保障系统安全，汽车行业需要进一步提升开发人员的信息安全防护意识，并加大程序释放

过程中的信息安全检测力度。

汽车行业的相关开发人员需要测试基础软件的安全性，具体来说，测试内容主要涉及两个方面，见表2-2。

表2-2　基础软件安全性测试内容

测试内容	具体内容
静态代码检查	开发人员需要利用质量保证检查工具（quality assurance check，QAC）等商业工具来检测软件质量，确保软件的静态代码符合CERT C标准等各项相关信息安全代码规范
需求一致性测试	开发人员需要充分发挥单元测试、集成测试等多种测试方法的作用，确保软件实现与软件设计需求之间互相统一

除此之外，开发人员还需采取几项措施来实现对软件安全性的测试，如表2-3所示。

表2-3　基础软件安全性的测试措施

测试措施	具体内容
漏洞扫描	开发人员需要利用Defense Codes等漏洞扫描软件来找出软件中存在的漏洞，并及时对其进行处理，以避免各项已知漏洞对软件安全性造成影响
模糊测试	开发人员需要充分发挥随机请求的作用，对软件进行测试，了解软件的鲁棒性情况，并检查软件中有无位置漏洞
渗透测试	开发人员需要借助专业渗透人员的力量来对软件进行分析，找出程序逻辑漏洞，并借助这些漏洞来对软件进行检测，与此同时，在发现新漏洞时也要及时采取相应的措施对其进行处理

（2）后开发阶段（生产、运维、报废）

进入后开发阶段后，汽车行业的相关工作人员需要确保各项基础软件和应用软件能够在生产过程中实现正常刷写，且投入在生产线中进行使用的各项软件均需经过刷写方的认证。具体来说，供应商需要将初始密钥置于各项基础软件中，确保各项基础软件可刷写；原始设备制造商（original equipment manufacturer，OEM）需要先与控制器进行相互认证，再对密钥、证书和配置等进行更新。

信息安全具有动态化的特点，随着技术水平的不断提高，软件中既可能会出现新的漏洞，也可能被找出以前未发现的漏洞，因此，软件维护人员需要实时监控软件漏洞信息，并据此对各项软件补丁进行更新优化，为软件安全提供持续性的保障。除此之外，在更新补丁的过程中，相关工作人员还需认证更新源，并完成软件的完整性校验和版本校验等工作，及时解决更新的漏洞，进而达到有效规避黑客入侵的目的。

一般来说，控制器中具有许多用户使用信息，当车辆需要更换部件或买卖、报废时，可能会造成用户信息泄露问题，汽车行业的相关工作人员需要赋予基础软件数据销毁功能,以便用户一键销毁密钥、证书、指纹识别信息和用户个人资料等敏感数据,降低信息泄露风险。

2.2.2 基础软件信息安全需求分析

为了充分满足汽车基础软件信息安全需求,汽车行业的相关工作人员既要加强安全机制建设,也要设计信息安全纵深防护体系,充分发挥各类安全措施的作用,从不同的维度加强对汽车基础软件的信息安全防护。

(1)安全启动

安全启动是一项基于硬件加密模块的功能,也是微控制单元(microcontroller unit,MCU)中不可或缺的功能,该功能需要具备一定的独立性,能够与用户程序分别运行,且不能被破坏。

具体来说,安全启动应处于用户程序运行和 MCU 启动之间,且相关开发人员需要验证用户定义的 Flash 中的关键程序,衡量程序中各项数据的完整性和真实性,判断有无数据篡改问题,一般来说,当验证失败时,MCU 的可信度较低,软件中的部分功能可能无法正常运行,严重时还可能出现整个程序都无法运行的情况。

(2)安全通信

现阶段,大多数基于车载网络的数据传输都缺乏相应安全措施的保护。以早期的 CAN 通信为例,CAN 通信具有明文传输、报文广播传输和极少网络分段等特点,攻击者在进入整车网络后能够轻易获取各项信息,通过篡改报文信息的方式实现对车辆的控制。

SecOC 是一套开放的汽车软件标准,也是 AUTOSAR 软件包中不可或缺的信息安全组件,可支持智能网联汽车实现密钥管理、新鲜值管理、新鲜值分发、密码块链消息认证码(cipher block chaining-message authentication code,CMAC)运算等多种功能。

SecOC 模块可以设置身份验证机制,并集成认证机制和 AUTOSAR 通信系统,降低对资源消耗的影响,从而为协议数据单元(protocol data unit,PDU)的各项关键数据提供强有力的安全防护,为旧系统提供行之有效的附加保护。

与此同时,传输层安全协议(transport layer security,TLS)和安全套接层(secure socket layer,SSL)均为网络安全协议,在保障车云通信的安全性方面发挥着重要作用。TLS 协议应用了主从式架构模型,能够利用网络连接起两个应用程序,并有效防止二者在数据交互过程中出现数据泄露、数据篡改等问题,确保信息通信的安全性。

(3)安全诊断

为了保证汽车基础软件的信息安全,汽车行业的相关工作人员需要对部分诊断服务进行身份验证，具体来说，主要涉及两类诊断服务，一类是从服务器中获取或上传数据、例程的诊断服务，另一类是从服务器中读取特定内存位置的诊断服务。

一般来说，存在问题的程序和数据会对车辆中的电子设备以及其他部件造成损害，进而引发安全风险，同时也可能导致车辆出现不符合相关排放标准、安全标准等情况。不仅如此，智能网联汽车在使用服务器进行数据检索的过程中，还可能会出现违反数据安全性等问题。由此可见，汽车在执行各项服务之前需要先完成客户身份验证工作，若客户身份合法，则授权访问数据，并提供诊断服务。

安全诊断就是利用认证算法来对客户身份进行验证，并根据验证结果进行授权，从实际验证方法上来看，智能网联汽车可以先借助随机数种子来生成非对称签名，再利用非对称签名实现对用户身份的验证，也可以充分发挥对称加密算法的作用，利用基于这一算法的消息验证码来验证用户身份。安全诊断流程如图2-6所示。

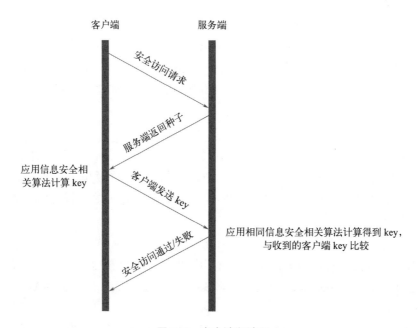

图 2-6　安全诊断流程

（4）安全调试

就目前来看，大多数控制器都具备基于硬件的调试功能，能够在片上调试方面发挥重要作用。在安全联合测试工作组（joint test action group，JTAG）模式下，智能网联汽车可以借助基于挑战/响应的身份验证机制来设置访问权限，对JTAG端口的访问进行检查，并根据调试设备的实际授权情况进行访问限制管理，防止未授权设备访问JTAG端口。

在生产阶段和下线阶段，为了保证汽车基础软件的信息安全，智能网联汽车需要对调试诊断接口进行禁用或锁定处理，限制接口访问。从实际操作上来看，禁用接口的方式可以有效切断调试诊断接口和硬件调试接口之间的联系，锁定接口的方式可以保护硬件调试接口，加强相应的访问权限管理。

（5）安全升级

近年来，网络环境的复杂度不断升高，车载软件的安全问题日渐突出，汽车行业需要进一步加大对软件更新升级过程的安全防护力度，确保升级包发布来源的有效性，防止升级包出现数据被篡改和数据丢失等问题。

传统的车载软件升级通常采用明文传输的方式来进行数据交互，采用散列算法来进行数据校验，因此难以保证车辆软件升级更新过程中数据的安全性。现阶段，汽车行业开始将签名验证和数据加密等技术应用到车载软件升级当中。具体来说，签名验证技术可以验证车辆中各项固件的完整性，确保数据的完整性和正确性，以及数据来源的可靠性；数据加密技术可以支持车辆实现密文传输，防止软件在利用空中下载技术（over the air，OTA）进行无线更新时出现数据暴露等信息安全问题。

2.2.3 基础软件系统安全威胁分析

基础软件系统安全指的是汽车中的各项基础软件的整体安全，主要涉及AutoSAR CP、AutoSAR AP 等各项中间件软件以及车用操作系统内核。近年来，智能汽车正在向着信息化的方向飞速发展，我国逐渐迈进车联网时代，汽车可以利用基础软件系统与互联网、智能终端等网络和设备连接，并在此基础上实现导航、娱乐、交通信息等功能。

智能汽车所使用的基础软件系统大多以 Linux、QNX 等操作系统内核为基础，但由于这些操作系统内核的安全性不足，因此智能汽车的应用系统也要面临恶意入侵和控制等安全风险。

不仅如此，汽车中所装配的智能终端也可能被植入恶意代码，导致智能终端与基础软件系统相连时出现安全漏洞，进而造成恶意代码植入、入侵、传播等问题，影响基础软件系统甚至整个汽车的安全。

一般来说，基础软件系统可能面临的安全威胁的类型复杂多样，如图 2-7 所示。

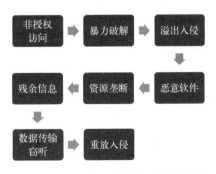

图 2-7 基础软件系统的安全威胁类型

① 非授权访问。非授权用户或进程对基础软件系统进行访问，并获取和篡改系统中的用户数据和安全功能数据。

② 暴力破解。攻击者利用各种软件和安全漏洞破解合法用户的口令，或直接绕开口令验证，通过假冒合法用户的方式进入基础软件系统，抢占系统控制权。

③ 溢出入侵。攻击者在了解和把握堆栈生长方向与数据存储方向相反的特点的情况下，利用后存入的数据对先前压栈的数据进行覆盖，并在覆盖函数返回的过程中改变原有程序的执行流程，实现对车辆基础软件系统的入侵。

④ 恶意软件。攻击者会将恶意软件伪装成授权应用或进程，并利用经过伪装的恶意软件来访问用户数据和基础软件系统中的敏感资源。

⑤ 资源垄断。攻击者会绕开操作系统内核调度机制，利用恶意进程/线程强制占用 CPU 资源，从而阻碍其他用户/主体正常获取 CPU 资源，使操作系统内核不可用。

⑥ 残余信息。攻击者会找出操作系统内核在残留信息方面的处理缺陷，并利用恶意进程对未删除的残留信息进行再利用，从中获取敏感信息，甚至对操作系统内核的安全功能进行滥用。

⑦ 数据传输窃听。恶意用户或进程会在基础软件系统与远程可信实体之间传输数据时进行监听，并借此获取二者之间传输的用户数据。

⑧ 重放入侵。非授权用户会截获授权用户信息，并将这些信息提交到基础软件系统当中，冒充授权用户对基础软件系统进行访问，进而获取系统中的各项数据，滥用系统中的各项功能。

2.2.4 基础软件信息安全系统架构

为了保障基础软件系统的安全，智能网联汽车需要加强身份权限管理，并充分发挥访问控制机制的作用，确保授权操作和异常行为处理的正确性，提升对各类安全威胁（如暴力破解、溢出入侵、重放入侵等）的抵抗能力，同时，也要确保系统中的各项文件和数据的可用性、保密性、完整性、可审计性，确保授权用户可正常访问系统中的各项资源，确保系统可安全稳定运行。

（1）硬件层

硬件层主要负责为系统提供安全芯片。一般来说，安全芯片大多采用硬件安全模块（hardware security module，HSM），配有独立的 CPU 核和特定的硬件加速器，且 HSM 拥有由随机存取存储器（random access memory，RAM）和非易失性存储器（non-volatile memory，NVM）组成的存储区，可以在正常状态下通过对读写的控制将算法密钥等重要数据与主核进行隔离，专门存储到存储区当中，从而充分保证数据的安全性。

可信执行环境（trust execution environment，TEE）是一种独立处理环境，具

备运算和存储功能，且能够在计算和存储数据的过程中充分保证数据的安全性和完整性。从本质上来看，TEE 就是将敏感数据分离出来，在硬件中单独使用一块内存，以便对敏感数据进行隐私计算，并限制未授权部分对这块内存的访问，从而保障敏感数据的安全。

（2）操作系统层

操作系统层能够对用户态应用程序的存储访问进行隔离，确保各个存储访问互不相通。操作系统内核可以通过相应的措施对各个进程进行限制，防止各个进程在执行过程中出现资源使用超出预期的情况，同时也会保护地址空间，为应用程序提供安全接口，支持应用程序安全访问地址空间，确保各个进程可以在安全的情况下进行通信。

当内核空间出现非法系统调用、指针异常访问、堆栈溢出、内存越界、死循环、超时或死锁等异常情况时，操作系统将会迅速执行内核异常处理程序，并发送相应的故障代码，及时解决问题。操作系统内核应在最大限度上对各个用户态进程的资源消耗情况进行监控，同时根据栈溢出诊断机制找出现已发生的栈溢出错误，并利用内核异常处理程序来解决这一问题。

操作系统内核应保证服务接口的安全性，防止出现因错误调用服务接口等造成内核崩溃等问题，充分保障用户态软件模块的安全。若出现服务接口调用错误的情况，如传递无效参数、非法上下文、非法地址等，操作系统内核则需抵制该任务，并及时返回错误代码。

① 安全启动。安全启动指的是以验证的方式保证基础软件系统在启动过程中的安全性，从实际操作上来看，为了实现安全启动，系统需要对后一个系统的数字签名进行验证，若后一个系统顺利通过验证，则继续运行后一个系统。在建立信任的过程中，系统应构建可信计算体系，获取可信根，打造可信链，最后向各个模块传递信任。

② 系统加固。系统加固是一种可以有效降低系统遭受外部入侵可能性的手段。在系统加固过程中，基础软件系统应遵循最小化原则。具体来说，首先，系统应将所有不必要的程序、端口和服务关闭；其次，系统应移除开发、编译、调测类和网络嗅探类的服务及工具；再次，系统应移除暗账、显示、调整系统安全策略的服务和工具；最后，系统还应对后门和隐藏接口进行检查和移除。除此之外，为了充分保障系统的安全性，基础软件应用系统还需通过扫描的方式找出未经处置的安全漏洞，并及时进行处理。

③ 主动防御。主动防御指的是利用操作系统内核和工具链将安全基因融入基础软件系统当中，且该安全基因具有动态化、随机性和多样性的特点，能够增强基础软件系统对外部危险的感知和防御能力。具体来说，入侵链主要涉及系统探测、漏洞挖掘、系统突破和系统控制四部分，主动防御可以针对具体的入侵步骤采用相应的手段，如随机化（运行地址随机化、全局符号随机化、数据结构随机化）和异

构发布等,对入侵过程中的系统规律进行调整,并充分发挥编译器的作用,生成随机、多样的多变体,提高被入侵路径的随机性和多样性,增加入侵和破解基础软件的难度。

④ 防火墙。防火墙具备分布式拒绝服务(distributed denial of service,DDoS)入侵功能,能够对报文进行安全过滤,将非法数据拦截在安全区域之外。不仅如此,防火墙还可以将拦截的数据流量、故障状态和规则数量等各项相关数据存储到安全区域当中,并根据实际情况对各项数据进行上报或转发,将数据交给与之相对应的模块进行处理。

⑤ 网络分割。网络分割能够对关键安全网络、非关键安全网络以及与外部链接的网络进行隔离,利用防火墙或安全网关对网络之间的通信进行限制,提高网络的可信度,增加入侵难度,从而有效防范车内网络入侵,充分保证网络通信的安全性。

基础软件系统安全是一项具有一定复杂性的综合课题,为了增强基础软件系统的防护能力,相关研究人员需要从多个层次和维度对各类威胁进行全方位分析,并对安全资产、入侵路径、入侵者角度和实际危害情况等进行评估,灵活运用多种安全技术维护系统安全。同时,也要不断探索和研究各种最新出现的漏洞发现和入侵技术,并有针对性地更新系统。

2.2.5 基础软件信息安全研究范围

在当前软件对汽车的决定性作用日渐增强的背景下,汽车基础软件信息对于汽车整体安全的影响程度也随之增高。随着汽车的迭代升级,其内部架构也由传统分布式的简单架构发展为功能集成度更高、外界交互性更强的复杂架构,尤其是外部网络的接入,使其由封闭性的交通工具转变为具有交通功能的开放性的移动终端,其功能更加丰富的同时也更加容易遭受来自网络等方面的入侵。

因此,信息安全和网络安全成为保证车辆安全运行的必要条件。常见的保障车辆信息网络安全的手段包括车联网关的安全防护和主动检测、应用模块隔离和系统的访问控制等。

基础软件是所用汽车应用程序运行的平台,位于应用程序和硬件抽象层之间,既需要保证自身安全运行,同时也要为应用程序提供安全的运行环境。在传统汽车中,基础软件信息安全是采取相应的措施对汽车基础软件进行保护,从而保证依赖于基础软件所提供的运行环境的车辆的运行和控制、个人数据安全等的合法性。

(1)基础软件信息安全风险

基础软件的主要功能是通过对汽车系统的软件和硬件进行解耦,降低其功能的关联程度,实现功能的集成化,提升汽车系统的反应速度与处理能力,为其提供强大的软件支撑，上层应用的开发效率和质量与基础软件的架构和性能息息相关。基础软件是当前"软件定义汽车"时代的关键，能够兼容多种上层应用软件的开发标准，让汽车的整车开发变得更加快速高效。

汽车基础软件的功能实现是建立在内部架构高度复杂、高度集成和高度统一的基础之上的，因此这也带来了更高的信息安全风险。以汽车通信协议栈为例，作为汽车基础软件平台的关键部分，随着智能网联化汽车的应用场景和功能需求不断增加，传统的CAN总线传输已经难以满足其高带宽、低延迟的要求，而新型的协议标准如时间敏感性网络（TSN）尚未成熟，同时上层应用协议也未形成良好的体系，各企业SOME/IP、DDS、PCIE的协议应用尚不能完全落地，这都在一定程度上提高了基础软件平台的开发难度，保证通信安全可靠和实时迅速的通信协议也成了信息安全技术方面的一个难题。

在智能驾驶领域，硬件在未来将会更加普遍地配置高性能的计算单元，而其需要依托复杂的操作系统如Linux、QNX等进行开发。基础软件平台要为这些上层应用的开发提供标准、灵活、可复用的技术组件与服务，为了对多种操作系统进行兼容，需实现硬件资源的共享，即开发Hypervisor。为了满足硬件高性能计算单元的开发需求，基础软件平台的车载操作系统、Hypervisor和中间件之间可以实现不经过数据格式转换，直接对多种不同源头和格式的数据进行访问的高级集成，并可以为不同应用的开发提供平台。但这些技术本身可能存在一定的安全漏洞，面临隐私数据保护、程序更新、外部连接等威胁。

（2）信息安全政策、法规和标准

关于汽车信息安全技术，国内外都成立了相关的组织进行探索。其中，国内的组织包括全国网络安全标准化技术委员会、全国汽车标准化技术委员会和中国汽车工程学会等；国外的组织包括国际标准化组织（ISO）、欧洲汽车工业安全数据交换协会（ENX）等。针对网络安全与数据安全问题，各个组织均展开了相关标准的制定工作。对此，如果想要进一步开展研究工作，需要对各个国家已有的标准进行深入解读，结合实际情况进行分析，以其为参考，推动信息安全体系的形成。

（3）信息安全风险的应对策略

针对汽车信息安全问题所带来的风险和威胁，当前各国研究人员从多角度切入，对相关技术进行研究。包括将加密算法内置于安全芯片之中进行认证，对访问进行管理、校验信息的完整性等，以此提升智能汽车的安全防护水平；通过加密和认证技术提供密钥用于身份认证；通过各类入侵检测系统对车辆进行监测，寻找安全漏洞，并在遭遇入侵时及时进行响应。

作为新兴领域，汽车基础软件信息安全的发展将面对来自各个方面的影响，比如随着我国汽车芯片产业的发展，相配套的其他上下游产业的协同问题；汽车信息安全与功能安全两大安全问题的统一、汽车基础软件信息安全的产业协同等。只有解决了这些问题，未来汽车基础软件信息安全才能够健康发展。

汽车基础软件支撑着汽车所有上层应用软件的开发和运行。不同于传统汽车中以防止事故发生为主要目的的主动安全与硬件安全，基础软件信息安全问题所带来的危害将超越一般的交通事故，除了可能带来财产的损失和人员的伤亡，还会造成隐私信息的泄露，并可能对国家和公共安全造成威胁。因而需要深入研究汽车基础软件信息安全，并加快其相关科研成果的落地，以研究成果为支撑推动相关产业的发展和相关体系的形成。

2.3 应用软件安全防护架构

在汽车信息安全中发挥基础性作用的多项功能都通过汽车基础软件来实现，包括虚拟化、操作系统内核及服务、防火墙、访问控制等。现如今，汽车的智能化水平不断提高，呈现出网联化的发展趋势，在这样的背景下，汽车基础软件须具备更高的安全性，提供更坚固的安全防护，实现更准确的身份识别，实施有效的安全监测。基础软件安全性的提升需要借助加密芯片、可信执行环境（trusted execution environment，TEE）等。

在汽车智能化、网联化的发展趋势下，车载应用软件开始向移动应用靠拢，应用软件的安全成为汽车信息安全的重要组成部分。车辆应用软件信息包括用户数据和车辆数据，前者牵涉用户的个人隐私，后者则关乎车辆安全。有效的应用软件安全防护应当能够实现软件的可知可控，所谓"可知"指的是用户应全面了解应用接下来的行为，包括行为的目的、操作、后果，"可控"指的是用户在是否执行行为上拥有决定权。

应用软件安全防护架构主要包括 Kernel 层（实时操作系统层）、中间件框架层、应用层三个方面，如图 2-8 所示。

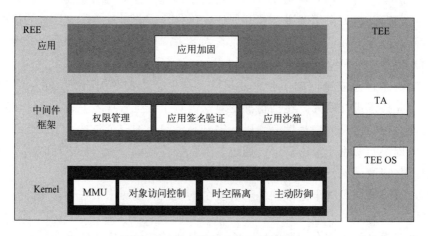

图 2-8　应用软件安全防护架构

（REE：reverse engineering executor，逆向工程执行者；TA：trusted APP，可信应用）

2.3.1 Kernel 层

Kernel 处于操作系统的底层，权限等级最高，拥有系统资源的管理权。在 Kernel 层建立完善的信息安全防护机制，从操作系统入手构建安全底座。

借助内存管理单元（memory management unit，MMU）机制，将各个应用的地址隔离开来，防止应用之间相互影响，导致应用运转异常。将 CPU 运行级别分成不同的层级，使应用与 Kernel 得以各自独立运行，防止出现应用未经授权访问内核的情况。

举例来说，X86 划分了从最高级别 RING0 到最低级别 RING3 的 4 个运行级别，操作系统 Linux 的代码在 RING0 上运行，有权发出特权指令，对页表进行修改，或是实施其他操作，应用程序代码在 RING3 上运行。

应用程序在访问操作系统功能时，须先借助系统调用将运行级别提升至 RING0，取得访问权限，系统调用还将确定应用程序在操作系统中的代码位置，应用程序进入操作系统后实施操作，操作完毕后运行级别将回到 RING3。CPU 运行级别分层有效实现了应用与应用间、应用与操作系统间的隔离，是应用软件安全防护的重要手段。

主动防御意味着将防御姿态由被动转变成主动，不是等到入侵来临后进行抵御，而是提前采用措施使入侵无从施展，这种防御方式需用到编译器、操作系统等基础软件。在发动入侵时，攻击者会去寻找代码符号所具有的规律，从规律中发现漏洞和突破口。而主动防御要做的就是让攻击者无规律可循，具体操作方式是对程序地址、全局符号、关键数据结构的布局全部进行随机化处理。

面向上层应用，对象访问控制构建起了一种安全机制，在资源访问时实施安全防护。系统中的进程需按照一定的权限对其他部分实施操作，这一权限由对象访问控制来提供。

TEE 从硬件入手实施安全防护，保障应用和数据的安全，可用于 X86、ARM CPU 等主流架构。有的应用对安全有着极高的敏感度，可以将 TEE 作为敏感功能的执行环境以及敏感数据的储存场所，为应用建立起一层硬件保护，保障应用的信息安全。

2.3.2 中间件框架层

中间件框架层面的安全防护手段有权限管理、应用签名验证和应用沙箱。

（1）权限管理

权限管理由检查权限、请求权限、处理权限组成，针对的是应用权限授予的问题。应用本身不具备任何权限，所有应用权限均由用户授予并确认。在提供对外服务时，应用应遵守相关的规范。在未发出声明和未得到授权的情况下，第三方应用无法访问其他应用的服务。

（2）应用签名验证

应用签名针对的是应用来源问题。借助密码算法和证书确定应用签名，证书和签名将作为应用的身份凭证。安装应用时，框架层会检查应用的证书，只有证书验证通过的应用方能获得安装许可。另外，框架层可参照应用的证书类型确定其权限。

（3）应用沙箱

应用沙箱的作用是为处于执行状态的应用程序构建隔离环境，使系统组件、其他应用程序无法对其造成影响和干扰，抵御恶意软件对应用的入侵，为应用打造一个安全的运行环境。应用沙箱需借助对象访问控制能力发挥自身作用，此项能力来自 Kernel 层。

2.3.3 应用层

所谓安全加固，是指以加密、加壳、动态加载等技术对应用进行全面的安全加固，保护应用程序逻辑安全和代码安全。应用安全加固可抵御反编译、嵌入病毒等入侵，其主要内容如图 2-9 所示。

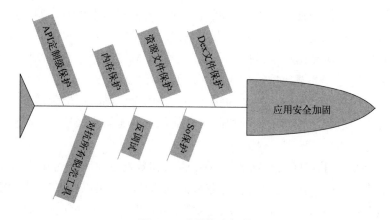

图 2-9　应用安全加固

① Dex 文件保护。通过文件加密处理帮助 Dex 文件抵御逆向工具的攻击，包括反编译和破解，该保护措施将保持程序可执行代码的原样，并且在实施保护的过程中程序将照常执行。

② So 保护。将 So 文件罩上一层保护壳，尽可能保证文件不会被攻击者破解，对 C/C++ 层代码实施有效保护，针对攻击者窃取代码逻辑的行为进行防范。

③ 资源文件保护。采用加密的方式，保护图片、音频、视频、翻译文件等资源。

④ 反调试。攻击者会将调试器作为应用的动态分析工具，以此对应用发动入侵，可采用双进程反调试技术作为防护措施。

⑤ 内存保护。攻击者会借助 gdb、ida 等工具转储内存镜像，内存保护即用于应对此类入侵，对 Dex 文件的关键部分实施加密处理，打破内存 Dex 的完整性，使攻击者无法通过转储工具还原 Dex 文件，防止内存泄露。

⑥ 对抗所有脱壳工具。攻击者会利用脱壳工具转储内存关键指针，借助进程检测、底层 Hook 等抵御此种入侵手段。

⑦ API 定制级保护。攻击者会使用 apktool、jeb、baksmali 等工具对 API 实施反编译操作，以窃取对 API 的源码，应对此种入侵可对特定的 API 采取定制保护措施。

应用软件加固技术几经迭代，防逆向脱壳的效果不断增强，安全性持续提升。具体而言，加固技术的发展阶段可分为 Dex 动态加载技术阶段、Dex 类抽取技术阶段、自定义 VMP 技术阶段、Java2C 技术阶段，其中 Java2C 技术流程如图 2-10 所示。

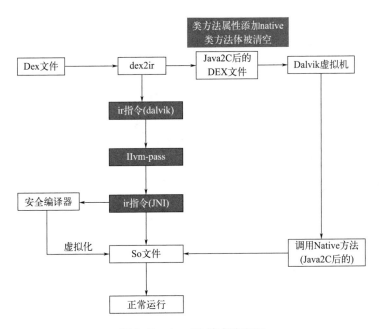

图 2-10　Java2C 技术流程图

应用软件安全防护需各个部分共同发挥作用，包括硬件、Kernel、框架、应用，其中发挥基础性作用的是 Kernel 和框架。在确保 Kernel 和框架安全的同时，采用多样化的手段进行应用安全防护，同时要尽量降低防护过程对应用产生的影响。应用的实现逻辑和代码会在一定程度上影响其安全性，另外还需从源代码和程序逻辑入手保护应用安全，采取相应的应用加固措施。

2.4 基础软件信息安全关键技术

2.4.1 安全可信启动

在嵌入式系统的选择上，可编程片上系统（system-on-a-chip，SOC）的应用比较广泛，当前市面上常见的嵌入式设备大多都安装了这一系统。恶意软件可能会在执行 SOC 启动操作时发动入侵，对引导加载程序等固件进行篡改。Rootkit 就是一种可用来入侵 SOC 的恶意软件，它可以在系统启动时进入系统并在此长驻，对系统安全造成威胁。一旦 Rootkit 到达系统内部，处理起来将非常棘手，无法通过重装系统的方式予以消除，所以需要在 SOC 启动时即采取防护措施，阻止其进入系统，保障 SOC 的安全。

启动操作系统要用到多个启动镜像，对此可使用创建信任链的方法，以起到防护的效果。加载运行固件前先借助数字签名对其进行验证，未通过验证的模块将不会被加载。

所谓信任链，就是在镜像合法性确认完成后，再继续下一级别的确认。举例来说，在 SOC 系统中，Bootrom 为初级镜像，发挥信任根的作用，它的合法性为下一级镜像的合法性提供基础。出厂时，Bootrom 的存储位置为一次性可编程（one time programmable，OTP）区域，该位置只支持读取而不支持写入。在 OTP 的作用下，器件经过编程后内容会锁定，但锁定后的内容仍然可以读取。出厂状态下，OTP 的 bit 都是 0，对 OTP 进行刷写可能会使 bit 发生变动，出现变动的 bit 是不能复原的，此即硬件熔断。

在 SOC 系统中，公钥是镜像文件的验签工具，攻击者可能通过替换密钥的方式私自创建镜像签名。所以，公钥的安全非常关键，一般会将其存至 OTP 区域以防被替换。不过，OTP 的可用区域并不十分充足，需在此存储公钥的摘要，用于在系统上电前检验公钥的完整性和有效性，该项工作由 Bootrom 负责。通常情况下，用作公钥存储场所的是镜像配置文件。SOC 系统安全启动流程如图 2-11 所示，在制作启动镜像、启动镜像签名文件、公钥摘要、公钥时，需选择线下的可信环境。

如图 2-11 所示，进行安全启动时，需要完成启动镜像、启动镜像签名文件和公钥的读取。采用 SHA-256 等 HASH 算法计算得到启动镜像的 HASH 值，签名文件的 HASH 值需借助公钥解码来获取，此过程要用到非对称密码算法运算。而后，确认得到的两项 HASH 值是否一致。数值一致则验签成功，启动镜像身份无误，可实施加载操作；不一致则验签失败，可能存在镜像被篡改的情况，此时不可实施加载操作。安全启动公私钥对生成流程如图 2-12 所示。

SOC 安全启动需要用到由公钥和私钥构成的公私钥对，该公私钥对由硬件安全模块（hardware security model，HSM）生成。运用 HASH 算法计算得到公钥摘要，

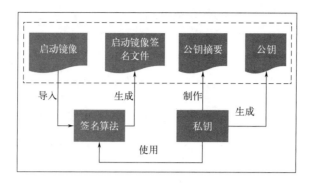

图 2-11 安全启动流程图

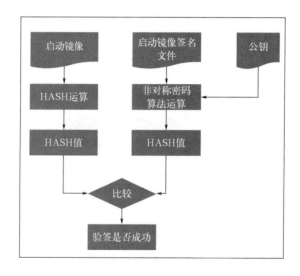

图 2-12 安全启动公私钥对生成流程

并在出厂前将其存至 OTP 区域,而后在私钥使用签名算法,生成启动镜像签名文件。

2.4.2 身份鉴别技术

身份鉴别技术是一种广泛应用在各种信息系统中的安全技术,可以通过身份识别的方式鉴定用户身份,确保用户身份的合法性以及用户间传输信息的真实性和完整性,从而达到保障系统安全的效果。

在各类安全技术中,身份鉴别技术具有极高的重要性,究其原因,权限控制、安全审计等各项安全技术对用户身份信息的依赖度较高,若无法保证用户的身份信息真实可信,其他各项安全技术将难以发挥作用。

从核心理论上来看,身份鉴别技术在确认用户身份时需要核实三项问题,如表 2-4 所示。

表2-4　用户身份确认的三个问题

用户身份确认	具体内容
你知道什么	用户根据自身掌握的信息证明自己的身份，且这些信息应具有较强的保密性
你拥有什么	用户根据自身拥有的东西证明自己的身份，且这些东西应具有可识别且认可度较高的特征
你的唯一特征是什么	用户根据自身的唯一特征证明自己的身份，且这一特征通常为生物特征，与用户本人之间存在一一对应的关系

近年来，科学技术飞速发展，计算机与光学、声学、生物统计学等各个学科之间的融合日渐深入，与各类高科技手段的综合应用也越来越先进，相关研究人员据此开发出了多种新的身份鉴别技术。

具体来说，在车载系统中，应用较为广泛的身份鉴别技术主要涉及如图2-13所示的几种类型。

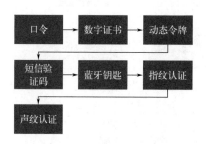

图2-13　身份鉴别技术的主要类型

① 口令。依靠密码实现身份鉴定的鉴别技术是适用性较强、应用范围较广的一种基本技术。

② 数字证书。在互联网通信中，利用持有者信息、公钥、数字签名等数据来验证各方身份。

③ 动态令牌（one time password，OTP）。用户可以利用手持终端生成动态密码，并确保口令一次有效，且会按照一定的周期变换，让系统可以通过一次一密的方式来验证用户身份。

④ 短信验证码。系统向客户发送含有随机密码的短信，让用户在登录账号或交易认证时利用该密码来确认身份，保证系统身份认证的安全性和可靠性。

⑤ 蓝牙钥匙。蓝牙钥匙应用了以公钥密码为基础的身份认证技术，通常保存有用户的证书和密钥，可以实现硬件加密功能，充分保障用户信息安全，并对用户进行身份认证。

⑥ 指纹认证。不同的指纹在图案、断点、交点等方面均存在差异，进而形成

指纹特征,指纹特征中蕴藏着大量信息,且具有唯一性和永久性的特点,系统可以通过对比指纹特征对用户进行身份认证。

⑦ 声纹认证。声纹是带有语言信息的声波纹谱,可以通过电声学仪器显示出来,一般来说,不同的人拥有不同的语音声学特征,且每个人的语音声学特征都具有一定的稳定性和变异性,因此,系统可以根据声纹特征区分用户,实现用户身份认证。

从发展方向上来看,身份鉴别技术既可以向以人机交互鉴权为主的用户接口发展,也可以向包含进程、芯片和控制器等诸多内容的机器的全自动鉴权发展。

就目前来看,用户身份鉴别大多采用人脸、密码和车钥匙等方式,可以感知到用户的使用过程。随着身份鉴别技术的不断发展,未来,身份鉴别将会进一步减少密码、钥匙等操作,利用生物识别技术实现用户身份识别,降低用户对身份识别的感知,提高识别速度。

在设备接入认证方面,相关研究人员正积极探索基于物理指纹特征的身份验证方法,力图借助具有独特性和唯一性的物理指纹特征实现对用户身份的验证,以便确保车载电子控制器(electronic control unit,ECU)、路侧单元(road side unit,RSU)等设备接入的安全性。

现阶段,在设备中,机器鉴权大多需要用到证书、密钥或访问仲裁。具体来说,在通信过程中,机器鉴权需要借助传输层安全性协议(transport layer security,TLS)、通信认证机制等进行认证和校验;进程权限和访问权限方面,机器鉴权需要利用访问控制模块来实现鉴权;证书和密钥的更新方向尚不具备统一的方法,公钥基础设施(public key infrastructure,PKI)等系统的全自动化封信证书和密钥也不存在规范化、标准化、一致化的方案。

未来,相关研究人员将会加大对机器鉴权的研究力度,以自动化的方式更新鉴权证书,并制定更加规范有效的密钥方案。

2.4.3　访问控制技术

访问控制是操作系统安全控制保护过程中的关键环节,能够基于身份鉴别来把握用户身份,并借此在一定程度上实现对资源访问请求的控制。

具体来说,访问控制模型如图 2-14 所示。

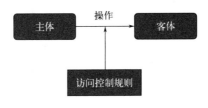

图 2-14　访问控制模型

- 主体：指的是执行访问操作的用户或进程，大多数情况下为进程。
- 客体：指的是主体所访问的资源，且这些资源的内容在经过访问后可能会出现变化，一般来说，客体主要涉及各项系统资源，如文件、设备、服务等。
- 操作：指的是主体在访问过程中对客体的操作、设备使用和服务访问等，一般来说，在访问过程中，主体可以对文件实施读、写、执行等操作。
- 访问控制规则：主要对主体的访问操作类型、客体经历的访问操作类型、执行操作的主体的类别等内容进行规定。

访问控制就是在实施访问操作前根据访问规则检查主体的权限，并在确认主体有对该客体执行访问操作的权限后再允许其继续操作，若主体不具备访问权限，则要阻止其越权访问。

就目前来看，常用的访问控制主要包括两种类型，分别为自主访问控制和强制访问控制。其中，自主访问控制的访问控制规则由客体所有者制定，管理员无须维护该规则；强制访问控制的访问规则由管理员制定，主体和客体都不具备制定和修改规则的权限，同时强制访问控制还对主体和客体的类型和安全级别进行了分类，并针对各类主体分别制定相应的规则，设置其访问权限，限制非授权访问。

2.4.4 虚拟化安全技术

汽车电子电气架构经历了几次转变，最早采用的是分布式架构，随后转为域集中式架构，再后来又转向了中央集中式结构，架构的转变离不开算力平台的作用。在更强大的算力平台的支持下，可借助虚拟化技术在硬件平台集成多个功能安全等级的系统。虚拟化技术有硬件虚拟化和操作系统虚拟化，它们代表了不同的虚拟化层次。

硬件虚拟化用到 Type1 和 Type2 两类虚拟机管理器（Hypervisor）。Type1 虚拟机管理器包括 XEN 等，以物理硬件作为运行场所，无须安装操作系统。Type2 虚拟机管理器包括 KVM 等，其运行需依赖操作系统，位于操作系统内核。Type1 虚拟机管理器拥有较高的功能安全等级，同时在实时性方面表现更为出色，因此多用于汽车领域。在虚拟机管理器上运行客户操作系统，以对资源实施隔离操作，并进行资源的调度。

通常情况下，操作系统虚拟化体现为容器技术，操作系统内核中包含 Namespace、Cgroup 等虚拟化机制，用于资源的隔离和配额，借助这些机制可运行多个系统，也可以使容器共享操作系统内核。就目前而言，容器化场景暂未用于汽车领域，因而在此不做过多介绍，后面提到的虚拟化安全即指虚拟机管理器安全。

（1）虚拟化安全性的主要内容

在汽车领域，虚拟化技术的商业应用正在不断推进，与此同时，虚拟化的安全性逐渐成为业内备受关注的话题。具体而言，虚拟化安全性包含以下几项内容，如图 2-15 所示。

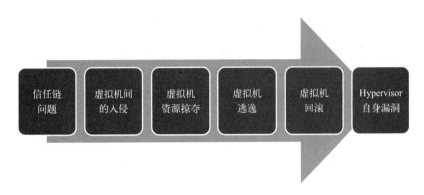

图 2-15　虚拟化安全性的主要内容

① 信任链问题。在虚拟化技术的帮助下，可将多个虚拟机集中于同一可信物理平台，并使用以硬件可信根为起点的信任链将各虚拟机串联起来，由此，每一个虚拟机都是一个以虚拟形式存在的可信计算平台。从虚拟机管理器到虚拟机，需要进行信任链验证，实现这种验证是虚拟化安全性所要解决的问题之一。

② 虚拟机间的入侵。当虚拟机管理程序出现漏洞时，攻击者会借助其他虚拟机控制并破坏存在漏洞的虚拟机。

③ 虚拟机资源掠夺。系统的局部漏洞会影响到整个系统，使系统呈现出异常状态，攻击者会借助系统资源入侵其他虚拟机，使受到入侵的虚拟机产生故障和饥饿问题。

④ 虚拟机逃逸。入侵会从虚拟机软件的漏洞发起，取得虚拟机所在操作系统的控制权。还有的软件不属于虚拟机，但是以虚拟机作为运行场所，这类软件的漏洞也会被攻击者所利用。

⑤ 虚拟机回滚。虚拟机可进行回滚操作，重新回到过去的状态。当虚拟机受到病毒侵袭时会出现回滚的情况，这个过程会使虚拟机重新面临安全漏洞的威胁。

⑥ Hypervisor 自身漏洞。攻击者会利用这些漏洞盗取虚拟机信息，或是对信息实施篡改。

以明确的安全性目标为引导，可以更好地保障 Hypervisor 的安全。安全目标及要求如表 2-5 所示。

表2-5　安全目标及要求

安全目标	要求
隔离性	vCPU调度隔离、内存隔离、网络隔离、存储隔离
Hypervisor 完整性	为了实现整体系统完整性，建立并维护Hypervisor组件的完整性

续表

安全目标	要求
平台完整性	Hypervisor的完整性取决于它所依赖的硬件和软件的完整性，需要利用加密芯片（如TPM）等硬件和固件机制来保护和检测底层平台的完整性。如果平台完整性受到损害，Hypervisor和客户机将无法运行
Audit	支持安全审计功能，可捕获和保护系统上发生的事件，以便安全复盘

（2）Hypervisor的安全性能力提升

可从以下三个方面入手，提高Hypervisor的安全性能力。

① 建立安全边界。划定虚拟机监控程序的安全边界，坚决按照边界执行操作。确定完整可用的安全边界，不要有遗漏的区域，确保安全边界不被泄露。针对拒绝服务、特权提升等多种入侵手段，安全边界都可以起到很好的防御效果。此外，安全边界还具备隔离虚拟机资源的功能，实现网络流量、存储、虚拟设备等各项资源的隔离。虚拟机监控程序安全边界如图2-16所示。

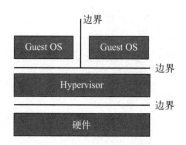

图2-16 虚拟机监控程序安全边界

② 建立深度防御漏洞的缓解机制。安全边界并非牢不可破，有可能出现漏洞，Hypervisor需采用有效手段防范针对边界漏洞的入侵。常用的防护手段有地址空间布局随机化、任意代码保护、数据损坏保护等。

③ 建立强大的安全保障流程。就Hypervisor而言，虚拟网络、虚拟设备、跨虚拟机表面都有可能被攻击者选定为入侵面。针对从这些入侵面发起的入侵，可采用威胁建模、代码审核等作为防护措施，每隔一段时间进行一次安全检查。在云计算场景中，虚拟化技术已经得到了广泛的应用，形成了丰富的安全范式和经验，对于汽车场景而言，这些范式具有重要的借鉴价值。在将虚拟化技术应用于汽车场景时，需考虑本场景的实际情况，对原本用于云场景的安全范式进行适当调整，开发出适用于汽车场景的安全手段。比如，在汽车场景下，虚拟机的动态迁移和创建并不是必要的步骤，另外，Hypervisor须达到一定的功能安全等级。

第 3 章

车联网安全威胁分析

3.1 车联网信息安全概述

3.1.1 车联网信息安全风险

车联网是智能网联汽车的重要组成部分。以联系对象为划分依据,车联网有车内网、车际网和车云网三种。借助车联网,可在车、路、云、人之间实现无线电通信和信息交互。车联网意味着一个各部分高度联通的网络,这个网络能够以智能化的方式进行交通管理和车辆控制,并提供高质量的信息服务。

依托车联网技术,能够快速实现汽车产业与通信产业、交通产业的跨领域融合,车联网产业也因此被一些汽车产业发展水平较高的国家和地区所关注,这些国家和地区将其列为汽车产业发展的重要战略方向。当前,车联网的产业化与规模化应用已经逐步落地,多个国家和地区通过制定发展规划,进行产业布局来推动发展。

我国政府同样对车联网技术和产业发展非常重视,在《中华人民共和国国民经济和社会发展第十四个五年规划和 2035 年远景目标纲要》中明确提出:积极稳妥发展工业互联网和车联网。蜂窝车联网(cellular-V2X,C-V2X)正助推我国的汽车产业进入数字化、网联化、智能化时代。

随着相关技术的发展以及与汽车产业的融合,我国 C-V2X 车联网的发展也大致可以被划分为以下两个阶段。

- 近期阶段:即 C-V2X 车联网的初始发展阶段,主要思路为通过应用大数据、物联网、无线通信等技术,实现车辆与道路以及其他相关车辆的协同,辅助用户进行驾驶,提升车辆运行的安全性以及道路通行效率。
- 中远期阶段:即 C-V2X 车联网的成熟阶段,主要思路为通过将车联网与大数据、物联网、人工智能等技术融合,实现车路云协同,使得车辆能够不依赖于用户,自主进行智能化决策,提升车辆运行的网联化、自动化、智能化水平。

当前我国创新性地设计出了一套以 5G+C-V2X 为支撑的车路云协同发展模式,该模式将引领我国汽车产业和交通行业迈向更高的台阶。自 2020 年起,政府为车联网行业的发展提供了良好的政策环境,一系列相关文件相继被颁布,各大汽车厂商和互联网企业闻风而动,纷纷乘此东风进行产业布局。

现阶段,车联网的应用已经能够赋予车辆远程升级、远程座椅加热、远程开空调等多种特色化功能,为车辆打造出更多卖点,同时也能够充分发挥车辆中所装配的各项智能硬件(如传感器、控制器、执行器等)的作用,支持车辆通过网络进行信息交互,并在此基础上实现万物互联,为用户提供更加多样化的服务。车联网的工作原理如图 3-1 所示。

车联网能够将汽车带入到开放的网络环境中,但同时也带来了网络信息安全问题,攻击者可能会通过网络窃取车联网系统中的数据信息,如用户个人信息、常用

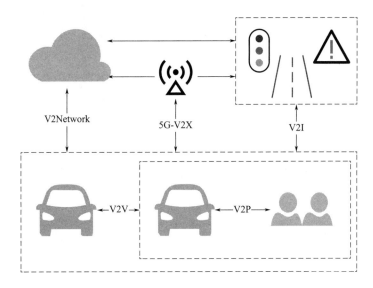

图 3-1 车联网的工作原理

地址、常用联系人等，进而威胁用户的人身财产安全。

以菲亚特克莱斯勒汽车公司（Fiat Chrysler Automobiles，FCA）的车辆召回事件为例，在对车辆进行信息安全测试时，信息安全专家利用车辆的娱乐主机的联网通道和对外的物理接口成功入侵到 FCA 云端，并利用伪造的远程控制指令实现了对车辆的控制，成功控制车辆打开了空调、仪表和雨刷等模块，对攻击者来说，可以随时对处于任何状态下的车辆发起入侵。因此，为了防止出现汽车信息安全问题，FCA 紧急召回 140 万辆存在信息安全隐患的汽车。

当汽车处于开放网络环境中时，需要注意来源于车载终端、通信链路、云服务平台和外部生态等多个方面的信息安全风险。近年来，车联网业务迅速发展，主机厂逐渐提高了对车联网信息安全问题的重视程度，并采取相应措施来增强车辆的信息安全防护能力，保障车辆的信息安全。

从实际操作上来看，主机厂可以通过多种方式来对车辆信息安全风险进行防范，如加强车联网数据分级分类管理和访问控制，优化车辆生产制造全流程的身份认证体系，搭建多方联动、信息共享、实时精准的安全服务平台等。

我国的相关监管机构应加大监管力度，构建并完善网联汽车安全管理体系，建立健全各项相关标准和规范，进一步增强汽车行业的信息安全风险防控能力。

3.1.2 车联网业务整体架构

车联网架构大多为"云 - 管 - 端"架构，其中，云指的是云服务平台，端指的是车载终端，管指的是用于连通二者的通信链路。具体来说，车联网中通用的"云 - 管 - 端"架构如图 3-2 所示。

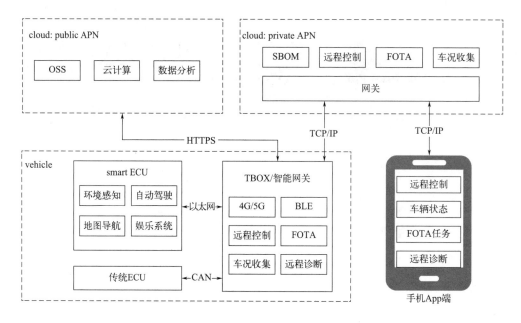

图 3-2 车联网"云-管-端"架构

图 3-2 中，cloud：public APN（云端：公网域接入点）；OSS：operation support systems（操作支持系统）；cloud：private APN（云端：私网域接入点）；SBOM：software bill of materials（软件物料清单）；FOTA：firmware over-the-air（固件远程升级）；HTTPS：hypertext transfer protocol secure（超文本传输安全协议）；TCP/IP：transmission control protocol（传输控制协议）/ internet protocol（网际互连协议）；vehicle：车端；smart ECU：smart electronic control unit（智能电子控制器）；TBOX：telematics box（远程信息处理器）；BLE：bluetooth low energy（蓝牙低能耗）；ethernet：以太网。

云服务平台中具有一个用于接入公网域的网络接入点（access point name，APN）和一个用于接入私网域的 APN，其中，公网域的 APN 需要为平台实现一些在资源存储和计算能力方面要求较高的功能提供支持，如文件存储、云计算等；私网域的 APN 需要为平台实现一些在信息安全方面要求较高的功能提供支持，如车辆敏感数据交互、车控、FOTA 等，确保车联网的安全性和可靠性。由此可见，云服务平台需要借助接入网关来为车辆提供身份验证和路由服务，确保各个车载终端能够安全稳定地发挥作用。

车载终端中包含 TBOX/ 智能网关，且这些 TBOX/ 智能网关中均配有 4G/5G 通信模块，既能够充分发挥远程通信技术的作用，实现与云服务平台之间的信息通信，也能够利用 CAN/LIN/ 车载以太网等网络，实现与车内 ECU 之间的信息通信，并在此基础上实现远程诊断、远程升级、远程查询和控制以及行车数据采集等诸多功能，为车联网汽车的安全稳定运行提供强有力的支持。

用于连通云端的通信链路所使用的通信协议主要包含 HTTPS 协议和 TCP/IP 协议两种，其中，HTTPS 协议主要在公网域与车载终端的通信中发挥作用，TCP/IP 协议主要在私网域与车载终端的通信中发挥作用。除此之外，MQTT 协议也是通信链路中不可或缺的一项通信协议，通常用于接入车辆或设备较多的场景。

在信息安全方面，车联网云端架构面临着许多风险，如云端被篡改、通信链路被监听、车端密钥泄露、本地网络安全系数较低等。

3.1.3 威胁分析与评估流程

威胁分析与风险评估在智能网联汽车网络安全领域所处的地位非常关键，这在国内外相关组织和部门发布的政策和法规中可以得到体现，包括联合国欧洲经济委员会（United Nations Economic Commission for Europe，UNECE）、美国高速公路安全管理局（National Highway Traffic Safety Administration，NHTSA）以及我国的主管部门。对于企业来说，威胁分析是智能网联汽车网络安全的基础性工作，企业可以基于威胁分析开展后续的风险管理和渗透测试。

国际标准化组织（ISO）和美国汽车工程师协会（SAE）联合发布了针对汽车网络安全的技术标准 ISO/SAE 21434，该标准给出了威胁分析和风险评估所要遵照的流程，现将流程进行提炼和概括，如图 3-3 所示。

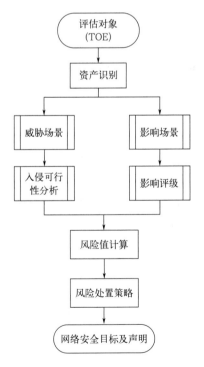

图 3-3 威胁分析和风险评估的流程

这一套流程中包含攻击者和防护者两个不同的视角。如图3-3所示，资产识别这一步骤结束后分出了两条路径，左侧的路径是从攻击者的视角出发的，根据目标对象的漏洞和薄弱环节确定入侵面，即"威胁场景"，随后结合各方面条件分析入侵是否具备可行性，即"入侵可行性分析"。

右侧路径是从防护者的视角出发的，"影响场景"与"威胁场景"可以视作一体两面，"影响场景"即防护者对己方安全漏洞的识别和确认，"影响评级"则是评估入侵带来的影响和损失，并且将其划分为不同的安全等级。综合攻击者视角的入侵可行性分析和防护者视角的影响评级，进行"风险值计算"这一步骤，根据风险值的不同确定风险处置策略。

依照上述流程，围绕网关FOTA升级进行一个示例分析，选择网关作为评估对象。网关可用属性遭到破坏会影响控制器固件的正常升级，这是网关这一对象的威胁场景，围绕威胁场景，对入侵可行性做出分析，并得出关于入侵可行性的具体数值。

如果网关FOTA功能不能正常使用，可能会产生多个方面的影响，如干扰车辆正常运行，泄露个人隐私，造成财产损失，情况严重时还可能威胁人身安全。对上述影响做出评级，参考入侵可行性分析和影响评级，对网关升级过程中存在的安全风险开列一份清单，进行风险值的计算，形成关于风险处置的决议和策略，策略的制定要考虑到项目开发周期和可用资源等因素。

下面，将分步骤详细地介绍整个流程。

（1）评估对象

明确评估对象是整个流程的起始，流程中后续的威胁分析和风险评估工作都要以此为基点。明确评估对象，要从对象系统构成、功能、边界、接口、数据流等方面入手，对其构造、属性和状态等形成较为充分的了解。

（2）资产识别

资产是能够为所有者创造价值的对象，包括数据、组件等，如果其网络安全受到威胁，将会为利益相关方带来损失。在已确定的评估对象的范围内，识别出可被视作核心资产的对象，汇总形成一份资产清单，清单上应包含各资产的功能属性和安全属性，此外还要有具体的影响场景以及针对影响场景的安全措施。

信息交互是整车网络安全问题的关键和源头，核心资产的识别要借助通信边界、整车拓扑结构、信息交互场景、车辆相关功能列表等，从不同角度出发，对核心资产会有不同的定义。

① 从整车拓扑结构的角度来看，许多零部件都可以被视为核心资产，包括中央网关、T-Box、车载信息娱乐系统（in-vehicle infotainment，IVI）等内外通信节点。自动驾驶的功能安全非常重要，它与车载计算平台的网络安全属性密切相关，因此，车载计算平台也被视为核心资产。

② 从关键应用场景的角度来看，整车在车联网环境中运行，运行过程中所需

的指令和服务由云平台提供，这一使用场景要用到通信协议，还要借助外联设备进行 V2V、V2I 通信，通信协议和外联设备都应被纳入核心资产的范畴。

③ 从数据安全的角度来看，数据传输是网络安全的重点问题，数据安全是网络安全的重要组成部分，因此可将车辆状态信息、用户个人信息等重要的信息和数据列为核心资产。

（3）影响场景及影响评级

根据资产识别结果，分析资产安全受到威胁时产生的负面影响，对影响场景做出描述，一般情况下的影响主要体现在人身安全、财产损失、车辆运行、隐私法规四个方面。如果企业发现有的危害和影响无法归到上述任何一个方面，那么可以创建一个新的影响类别，并传达给整个供应链。此外，需要对影响进行分析评估，划分出不同的影响等级。

（4）威胁场景

这一环节主要采用的是攻击者的视角，要用到资产识别和影响场景的分析结果。根据资产的安全属性分析对应的入侵面以及入侵方法，并且评估和预测入侵产生的影响。也就是说对威胁场景的描述要涉及资产、入侵面、入侵方法、影响场景等关键要素，特别是要指出各要素之间存在的关联。

分析各资产的威胁场景时，要注意威胁场景和影响场景之间不是一一对应的，同一个影响场景的来源可能是多个不同的威胁场景，而多个影响场景也可能由同一个威胁场景引发。STRIDE、EVITA、TVRA、PASTA 等系统化威胁建模方法都是进行威胁场景识别可以采用的方法。

（5）入侵可行性分析

首先对入侵路径作出分析。将威胁场景分成不同的层级，由此分析威胁场景的一切实现方式，识别出其中包含的所有入侵路径，这是"自顶向下"的方法。将实现方式和入侵路径汇总到一处，借助入侵树和入侵图分析它们的可行性。除了"自顶向下"之外，还有一种方法是"自底向上"，识别资产的脆弱性，根据已知的漏洞对入侵路径作出分析。随后分析每条入侵路径的可行性等级，可以参考入侵潜力和入侵向量。

最后通过计算得到入侵潜力值和入侵可行性等级，这个过程要用到专业知识、目标对象信息、完成入侵所用时间、设备工具、机会窗口等。入侵可行性一共分为高、中、低、极低四个等级。经分析会发现有的入侵路径不具备可行性，即不能够导向威胁场景，对于这样的入侵路径可直接排除，后续不必再进行审视和观察。

（6）风险值计算

有两种计算风险值的方式，第一种方式是参照入侵可行性等级和影响等级得到对应的风险值，第二种方式是直接计算某一威胁场景之下的风险值，这需要用到风险计算公式。风险值与安全等级之间存在对应关系，风险值越高安全等级就越高，对于安全等级较高的威胁场景，应给予更多的重视，采取更加严格的保护措施。

（7）风险处置决策

不同的风险值对应不同的处置决策，处置决策有规避风险、降低风险、转移风险、保留风险四种，如表 3-1 所示。

表3-1　风险处置决策的类型

风险处置决策类型	具体内容
规避风险	最严厉的处置决策，对应威胁场景的风险值最高，需要通过消除风险源彻底消灭风险
降低风险	较为缓和的一种处置决策，具体操作上先要对网络安全目标作出定义，根据目标采取相应的防护措施，降低风险产生的影响
转移风险和保留风险	更为缓和的处置决策，往往用来处理风险值较低的威胁场景。采取这两种处置决策时，需发布一份网络安全声明，阐明是在什么样的前提下采取此种决策的，说明采取此决策所要遵守的约束条件，除此之外，还要参考实际情况，制定出较为具体的方案

3.2　车联网威胁分析与策略

3.2.1　云端威胁分析与策略

（1）服务器安全

当汽车所使用的云服务平台中的服务器被入侵时，可能会出现敏感数据泄露、关键指令被篡改等信息安全问题，进而导致用户的人身财产安全受到严重威胁。具体来说，若攻击者入侵车辆云服务平台中的服务器，并对车辆远程控制报文进行篡改，那么车辆将会出现操作异常等问题，无法正常行驶，导致车辆驾乘人员面临生命安全风险。

为了保障车辆和用户的信息安全，主机厂大多利用专线网络、身份认证、独立机房专业运维等手段来避免出现非法访问的情况，防止非法用户访问或篡改各项敏感数据和重要服务。

（2）服务接口安全

微服务架构在部署方面具有较强的灵活性，在扩容方面具有较强的弹性，主机厂可以利用微服务架构来增强服务接口的安全性，就目前来看，部分主机厂已经将 Spring Cloud 等框架应用到云服务平台中。

具体来说，车联网业务离不开数据的支持，主机厂需要广泛采集用户、车辆、零件等各项相关数据，并基于此进一步推进业务流转，为各项车联网业务提供数据层面的支持，同时也要充分发挥微服务的 Web Service 接口的作用，促进不同平台、不同系统之间的数据共享和信息通信。

一般来说，数据传输接口大多使用 HTTPS 协议，这既有助于验证发送方身份，也能够确保数据完整，提高云服务平台的服务接口的信息安全程度。不仅如此，主机厂还可以定期更换密钥，防止攻击者破解密钥并入侵，也可以对报文进行加密处理，或增加 MAC 验证字段，以便对数据的完整性进行有效验证。除此之外，主机厂还可以通过新鲜度管理的方式来进行信息安全防护，通过将新鲜度字段加入报文中来防御重放入侵。

3.2.2 车端威胁分析与策略

一般来说，车辆在连接传感器和车内 ECU 时大多使用 CAN 总线，但 CAN 总线缺乏通信认证能力，无法对通信进行加密，且采用广播的方式来传输信息，因此，攻击者可以通过重放攻击、洪泛攻击、修改入侵、丢弃入侵等多种方式对车辆发起入侵。具体来说，攻击者可以通过对总线上的任何一个节点的入侵来获取总线控制权，并向其他节点发送伪造的报文信息，使车辆出现错误操作等问题，威胁车辆安全。

硬件安全模块（hardware security module，HSM）是车端安全方案的基本保障，也是实现 TrustZone/TEE 执行环境和 SecOC 协议的基础。HSM 可以在不可篡改的硬件模块中写入算法、密钥和加密方式等信息，防止出现信息被篡改的问题，也可以对车载通信、操作检测、日志记录、调试等各项涉及安全性的任务进行处理，防止攻击者从其他 ECU 接口处窃取访问权限，并对车载网络发起入侵，充分保证车辆的安全性。

（1）TrustZone/TEE 执行环境

TrustZone 是一种用于高性能计算平台上的各项应用中的安全架构，大多位于 ARM A-profile 架构当中，能够将中央处理器（central processing unit，CPU）的工作状态划分为正常世界状态（normal world status，NWS）和安全世界状态（secure world status，SWS）。

融合了 TrustZone 技术的芯片能够对各项外围硬件资源进行隔离，有效降低各项外围硬件资源所面临的安全风险。一般来说，当 CPU 处于 NWS 当中时，所有的外围硬件都会被强制隔离，因此各类应用都无法对安全硬件设备、SWS 内存、SWS 缓存等外围硬件设备进行访问。

NWS 可以支撑操作系统和各项应用正常运行，SWS 可以支撑 TEE 正常运行。具体来说，TEE 可实现多种可信服务，这些可信服务大多由轻量级内核所托管，能够支持 TEE 实现密钥管理等功能，对开发人员来说，他们也可以借助 TEE 来获取自身推进开发工作所需的应用程序接口（application programming interface，API）。

一般来说，完整的 SoC 包含 ARM 内核、系统总线、片上 RAM、片上 ROM 和其他外围设备组件等多个组成部分，其中，ARM 内核的控制器在 TrustZone 执行环境中发挥着十分重要的作用，能够为 TrustZone 提供支持，并与其他组件协同作用，为外围硬件资源提供硬件级别的保护和安全隔离，充分保障各项外围硬件资源的安全。

TrustZone 技术能够充分发挥中断隔离、对外围设备的硬件隔离、片上 RAM 和 ROM 的隔离、外部 RAM 和 ROM 的隔离以及片外 RAM 和 ROM 的隔离等多种隔离保护方法的作用，对各项外部资源和内存资源进行硬件隔离，从而在保障系统安全方面发挥重要作用。

车联网行业的相关工作人员需要进一步扩展系统的 UI 和处理器核，以便在硬件层面对各项资源进行隔离，实现硬件级别的系统保护。从实际操作方面来看，相关工作人员应对 CPU 内核进行虚拟化处理，并根据安全程度将 CPU 的运行状态划分为两种，一种为安全状态，另一种为非安全状态；与此同时，还应在总线中设置安全位读写信号线，在内存管理单元（memory management unit，MMU）中设置更多安全位，并增加安全位缓存。除此之外，还要从操作权限和操作信号等方面入手，确保其他各项外围组件的安全性。

（2）SecOC 协议

近年来，汽车行业在数据加密和验证方面的需求越来越大，车内总线的加密通信逐渐成为行业内关注的重点。汽车开放系统架构（AUTOSAR）进一步规范了安全车载通信（security onboard communication，SecOC）组件的相关标准，这一组件作为新增的基础组件，被应用到汽车嵌入式网络总线当中，增强车载网络安全性。

SecOC 是一种信息安全组件，能够为 CAN/CANFD 总线中的各项报文数据提供身份验证机制，防止数据被窃取，并与 ARA 通信机制协同作用，降低资源消耗，进而支持车辆实现加解密运算、密钥管理、新鲜值管理和分发等多种功能。与非对称算法相比，SecOC 规范以对称算法为基础，能够在保障数据安全的同时缩短密钥。

一般来说，发送控制器和接收控制器需要通过集成 SecOC 模块的方式来满足通信的控制器在 SecOC 协议方面的需求。SecOC 协议主要涉及原始报文、SecOC 模块、MAC 值等内容，Secured I-PDU 主要包含报文头、原始报文、新鲜度和 MAC，其中，原始报文为 Authentic I-PDU，SecOC 模块大多以原始数据和密钥为基础，MAC 值需要使用相应的算法来计算。

在验证数据的真实性和完整性时，SecOC 主要利用基于 MAC 的身份验证和基于新鲜度的防重放入侵两种验证方式。

基于 MAC 的身份验证可以充分发挥 SecOC 协议中 MAC 消息认证码的作用，对各项报文数据进行校验，确保报文数据信息的真实性，但这种方法难以有效保障报文数据的机密性，因此，系统 SecOC 还需借助其他手段来对报文数据进行保护。

基于新鲜度的防重放入侵可以利用计数器生成新鲜度值，或基于时间戳生成新鲜度值，并将可以随逻辑更新的新鲜度值加入到 Secured I-PDU 当中，进而实现对重复入侵风险的有效防范。从实际操作上来看，为了确保这一方法的有效性，

OEM 需要进一步加强对新鲜度值和密钥的管理。

具体来说，基于 SecOC 的通信加密和认证过程如图 3-4 所示。

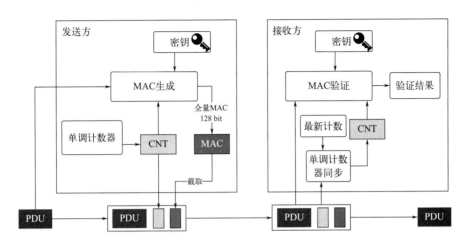

图 3-4　通信加密和认证过程

位于发送节点处的 SecOC 模块可以以广播的形式进行信息传输。从作用原理上来看，SecOC 模块能够生成新鲜度和 MAC，并将新鲜度、MAC 和原始报文共同组装成 Secured I-PDU，再充分发挥 CAN 总线的作用，将 Secured I-PDU 广播出去。

位于接收节点处的 SecOC 模块具有一定的校验作用。从作用原理上来看，SecOC 模块能够对 MAC 进行校验，并根据校验结果进一步明确原始报文的来源，衡量原始报文的完整性，再通过新鲜度值验证的方式来判断报文的重复情况和合法性。

近年来，车联网技术飞速发展，汽车电子架构不断更新升级，自动驾驶汽车也已逐渐进入产业化阶段，信息安全问题日渐凸显。为了保障车辆和用户的信息安全，主机厂和一级供应商需要构建并完善安全防护体系，不断优化风险分析和攻防策略，同时也要进一步强化车联网平台的信息安全能力。

3.2.3　通信端威胁分析与策略

云 - 管 - 端架构中包含云服务平台与基站通信链路、基站与车载终端通信链路以及手机与基站通信链路等多种通信链路。

车联网公网域需要借助 HTTPS 协议来保障信息安全，防止车端的文件传输和云存储等业务受到信息安全问题的影响，但为了提高私网域各项业务（如车控功能、敏感数据交互等）的安全性，主机厂还需从通信端入手，进一步增强车联网在信息安全方面的风险防护和应对能力。

具体来说，通信端所面临的信息安全威胁主要涉及车载终端被伪造、云服务平台被钓鱼、指令或业务数据明文传输被截获、指令或业务数据被截获篡改等问题，这些问题的存在可能会导致敏感信息泄露、错误操作等情况，进而造成严重的信息安全问题，威胁车辆以及驾乘人员的人身财产安全。

在通信链路有风险时，攻击者是借助伪基站、域名系统劫持等方式来劫持会话，并获取车辆的知识产权和敏感数据。例如，攻击者可以对车辆的 FOTA 业务发起入侵，以窃听的方式获取车辆的升级包，并通过对 ECU 固件代码逆向工程对其进行破解。

不仅如此，攻击者还可以从车辆的物理接口入手，对云端通信路径进行篡改，并利用伪造的服务器来入侵车辆，威胁车辆及用户的安全。具体来说，攻击者可以通过不停地对车辆进行数据入侵的方式来消耗车端控制器的存储空间，进而达到影响其业务操作的目的；也可以通过将 TBOX 软件拷贝到其他设备中并进行伪装的方式来非法访问云服务平台，进而达到窃取云服务平台中的数据信息的目的。

由此可见，为了实现有效的风险防范，云服务平台、车载终端等参与车联网业务的核心实体对象均须建立高强度的身份标识，以便利用该标识进行身份校验，防止车载终端接入车联网服务平台的过程中出现信息安全问题。

公钥基础设施（public key infrastructure，PKI）是一个具有通用性、标准性等特点的密钥管理平台，其应用了非对称密码算法等先进技术，具备密钥管理和证书管理等功能，能够为各项网络应用提供信息安全服务。PKI 能够为车联网中的各类实体对象提供身份的可信描述，利用数字证书来确认各个实体对象的数字身份，确保车联网中的所有参与者的可信度，提高信息的保密性、完整性和不可抵赖性。

具体来说，PKI 子系统之间的逻辑关系如图 3-5 所示。

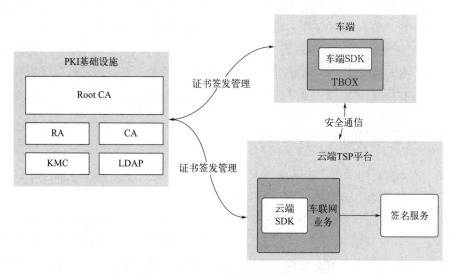

图 3-5　PKI 子系统之间的逻辑关系

（Root CA：根证书颁发机构；RA：注册管理中心；CA：证书颁发机构；
KMC：密钥管理中心；LDAP：轻量级目录访问协议；
TBOX：远程通信终端；SDK：软件开发包；TSP：汽车远程服务提供商）

为了充分保障信息安全，PKI 应向云端的设备接入网关和车载终端提供相应的证书，并激活 TBOX 和 AVN 等控制器。从流程上来看，PKI 证书签发主要包含如表 3-2 所示的几步。

表3-2　PKI证书的签发流程

序号	PKI 证书的签发流程
1	TBOX会产生公私钥，生成P10申请，并在该申请中标明证书主题、有效期、公钥和各项信息的签名，再向云端传输这一申请
2	云端会接收来源于TBOX的P10申请，并验证申请中所包含的各项信息，综合P10申请和车辆的其他信息，生成相应的证书请求，并确保这一证书请求能够被PKI识别，再通过PKI来进行证书签发
3	云端将完成签发的PKI证书传输到车端TBOX中，由TBOX对该证书进行存储

当 PKI 证书在云端和设备端均已完成激活时，通信实体和云端可以借助数字证书进行信息通信，并确保通信的安全性和可靠性。

3.3　信息安全威胁分析模型

3.3.1　EVITA 风险评估模型

电子安全车辆入侵防护应用（E-safety vehicle intrusion protected applications，EVITA）是一个用于维护汽车车载网络安全的项目，其目标是为汽车车载网络设计、验证以及原型架构提供参考，同时也可以根据 ISO/IEC 15408 和 ISO/DIS 26262 相关标准对各个电控单元进行保护，防止重要电控单元中的敏感数据被泄露或篡改。

在风险评估方面，EVITA 通常会综合分析多项相关因素，具体来说，主要涉及风险造成的影响严重性、入侵可能性和功能安全的可控性三项内容。

（1）风险造成的影响严重性

根据 ISO 26262 中的功能安全风险评估方法，EVITA 对与安全相关的结果和单个车辆进行分析，并综合考虑非安全相关结果以及对多辆车辆的潜在后果，将风险造成的影响严重性划分成 5 个等级，分别为 S0、S1、S2、S3 和 S4。

（2）入侵可能性

EVITA 中融合了"入侵潜力"的概念，在评估入侵可能性时会从攻击者的角度出发，综合考虑多项相关因素，如攻击者入侵系统所需的时间、专业知识、系统知识和专业设备等，与此同时，这些因素也可分为多个类别，且各类因素均赋有相应的数值。具体来说，攻击者专业知识的类别和响应的数值分别为外行、熟练、专家、多个专家；入侵潜力主要可分为基本、增强基本、中等、高、超高；入侵潜力范围与入侵潜力的类型相关，入侵的难度按照从基本到超高的顺序逐级上升；入侵可能性可以按照各项因素所分配数值总和的范围划分成多个类别。

（3）功能安全的可控性

在 EVITA 划分的安全风险等级中，S0 表示无安全风险，从 S1 到 S4 的风险逐级递增，同时，EVITA 会利用风险表来组合关于风险严重性和入侵可能性的概率评估。在评估安全风险的过程中，EVITA 则将功能安全和非功能安全看作两部分，分别进行评估。

具体来说，非功能安全风险表如表 3-3 所示。

表3-3　非功能安全风险表

安全风险等级（R）		入侵可能性组合（A）				
		A=1	A=2	A=3	A=4	A=5
非功能安全严重性（Si）	1	R0	R0	R1	R2	R3
	2	R0	R1	R2	R3	R4
	3	R1	R2	R3	R4	R5
	4	R2	R3	R4	R5	R6

由表 3-3 可知，R 表示隐私、财产、操作威胁的安全风险等级，R0 的风险最低，R6 的风险最高，Si 为这三者的非功能安全严重性；确定的潜在威胁的严重程度被划分为 1～4 共四个等级，确定的入侵概率指的是入侵可能性组合（A），被划分为五种情况。EVITA 可以根据严重性和入侵概率的交集来找出潜在威胁，并在此基础上进行风险评估，进一步确定安全风险等级。

功能安全风险表如表 3-4 所示。可控性与风险表中的矩阵一一对应，入侵可能性组合主要包含可控性、功能安全严重性和入侵概率等内容，且需要评估与功能安全相关的威胁和风险。

表3-4　功能安全风险表

可控性（C）	功能安全严重性（Ss）	入侵可能性组合（A）				
		A=1	A=2	A=3	A=4	A=5
C=1	…	—	—	—	—	—
C=2	Ss=1	R1	R2	R3	R4	R5
C=3	Ss=2	R2	R3	R4	R5	R6
	Ss=3	R3	R4	R5	R6	R7
	Ss=4	R4	R5	R6	R7	R7+
C=4	…	—	—	—	—	—

EVITA 可以根据可控性、功能安全严重性和入侵概率在矩阵中的交集来评估潜在的威胁，确定风险等级，在功能安全风险表中，R1 表示最低风险，R7+ 表示最高风险。

总而言之，EVITA 的评估流程具有一定的复杂性，但同时也较为全面，可以从风险造成的影响严重性、入侵可能性和功能安全的可控性三个角度对风险进行评估，且将严重性划分为 5 个等级，能够实现对功能安全风险的有效评估。同时也引入了"入侵潜力"的概念，能够实现对入侵可能性的有效评估。不仅如此，还可以充分发挥"风险表"的作用，综合考虑严重性和入侵可能性两项因素，实现对所有威胁的安全风险的有效识别。EVITA 可以为充分了解自身面临的安全风险提供支持，帮助保护系统和数据的安全。

3.3.2　HEAVENSE 安全模型

HEAVENSE 安全模型❶是一种完整程度较高的风险评估工具，能够分析和评估汽车 E/E 系统中存在的威胁和风险，并通过系统化的方法采集各项相关网络安全要求信息，从而为车辆的网络信息安全提供一定的保障。

具体来说，HEAVENSE 的工作流程如图 3-6 所示。

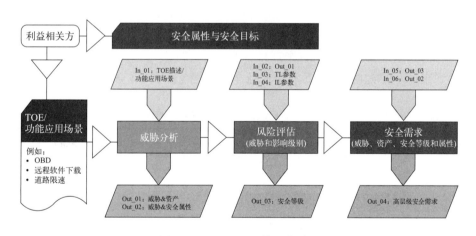

图 3-6　HEAVENSE 的工作流程

从实际流程上来看：

首先，客户和车机厂商等需要作为联系人，并了解和把握自身的安全属性和安全目标，为评估对象提供典型应用场景。

其次，安全人员需要完成威胁分析和风险评估工作，其中，威胁分析就是在典

---

❶ HEAVENSE安全模型：全称为"healing vulnerabilities to enhance software security and safety"，是一种智能网联汽车风险评估方法。

型应用场景中映射威胁与评估对象和安全属性之间的关系，并在此基础上对系统中存在的威胁进行分析，风险评估就是以威胁和影响为依据来对评估对象进行安全等级（security level，SL）划分。具体来说，在汽车网络信息安全领域，安全等级用于表示可支撑安全相关资产达到特定安全级别的安全机制的强度。

最后，安全人员需要综合考虑威胁、评估对象、安全属性和安全等级，并结合这些内容来明确安全需求，以安全等级和安全需求为依据，规划开发优先级。

（1）威胁分析

威胁分析指的是对资产相关威胁进行识别和评估，并在典型应用场景中对威胁和安全属性进行映射。一般来说，威胁分析的输入为 TOE 系统❶描述和功能应用场景，威胁分析的输出主要包括以下两项内容：一是威胁与资产之间的映射关系；二是威胁与安全属性之间的映射关系，主要用于进一步明确资产中的特定威胁对安全属性所造成的影响。

HEAVENSE 安全模型中融合了 STRIDE❷ 安全建模方法，能够一一找出软件系统中存在的威胁，并对这些威胁进行分析。就目前来看，HEAVENSE 安全模型的适用范围正日渐扩大，并逐渐被应用到汽车电子电气领域。

从作用原理上来看，HEAVENSE 安全模型中的 STRIDE 安全建模方法可以明确威胁和安全属性之间的关系，将各类 STRIDE 威胁静态映射到安全属性，并在此基础上为 CIA 原始模型的进一步扩展提供支持，提高模型的机密性、真实性、完整性、新鲜度和不可抵赖性，提升模型权限，进而在风险评估环节确定威胁的安全等级，并据此制定相应的网络安全需求。

具体来说，STRIDE 威胁与安全属性之间的映射如表 3-5 所示。

表3-5　STRIDE威胁与安全属性之间的映射

STRIDE 威胁	说明	安全属性
假冒	攻击者假冒成其他对象或人	真实性、新鲜值
篡改	攻击者更改传输中的数据或数据存储中的数据	完整性
抵赖	攻击者执行的操作无法溯源	不可抵赖性、新鲜度
信息泄露	攻击者可以访问传输中的数据或数据存储中的数据	—
拒接服务	攻击者中断系统的合法操作	机密性、隐私
特权提升	攻击者执行未授权的操作	授权

---

❶ TOE 系统：一种通过硬件加速的方式来提高网络性能的解决方案，全称为"TCP offload Engine"。
❷ STRIDE 是微软研究出的一种以开发人员为中心的威胁建模方法。STRIDE 中的 S 为 spoofing，意为假冒；T 为 tampering，意为篡改；R 为 repudiation，意为否认；I 为 information disclosure，意为信息泄露；D 为 denial of service，意为拒绝服务；E 为 elevation of privilege，意为权限提升。

（2）风险评估

风险评估指的是衡量各项威胁的安全等级并据此排序。具体来说，HEAVENSE 安全模型可以在完成威胁资产识别的基础上评估各项威胁的风险，并确定各项威胁的 SL。风险评估主要包含如表 3-6 所示的 3 个环节。

表3-6 风险评估的3个环节

风险评估环节	具体内容
确定威胁等级（threat level，TL）	衡量某一特定威胁发生的可能性
测定影响水平（impact level，IL）	衡量某一安全风险所造成影响的严重程度
测定 SL	衡量某一安全风险的等级

TL 测定主要涉及经验、评估对象的知识、所需设备、机会窗口四项相关数据，HEAVENSE 安全模型需要根据这四项数据进行分值评估，并在此基础上确定评估对象的 TL。一般来说，这四项数据均被划分成 4 个等级，各个等级所对应的分值由高到低分别为 3、2、1、0。

在 HEAVENSE 安全模型中，TL 包括无、低、中、高和严重 5 个等级，模型可以根据各项参数值综合计算出 TL 参数值总和，且这一计算结果与入侵难度和 TL 相关，一般来说，TL 参数值总和大意味着入侵难度高、TL 低，TL 参数值总和小则意味着入侵难度低、TL 高。

具体来说，TL 参数值总和与 TL、TL 分值之间的关系如表 3-7 所示。

表3-7 TL参数值总和与TL、TL分值的关系

TL 参数值总和	威胁等级（threat level）	TL 分值
>9	无	0
7～9	低	1
4～6	中	2
2～3	高	3
0～1	严重	4

（3）安全需求整理

HEAVENSE 安全模型可以整合资产、威胁、安全属性和安全等级四项信息，并据此确定安全需求。

HEAVENSE 安全模型需要明确安全目标和威胁的安全等级，同时综合考虑各项相关因素，并参照安全等级按次序整理各项安全需求。

例如，当安全外壳（secure shell，SSH）服务遭遇抵赖威胁时，HEAVENSE 安

全模型将会充分发挥风险评估的作用，衡量出该威胁的安全等级为中级，并在此基础上进一步明确安全需求，也就是 ssh 服务应具备安全审计功能，能够审计各项登录操作、退出登录操作和 shell 历史，确保各项操作的安全性，避免出现抵赖风险的现象。

一项资产中可能不只有一个威胁，各个威胁可能分别与不同的安全等级相对应。一般来说，相关工作人员可以采取以下两种方式来确定资产整体安全级别：

- 明确资产相关的各个威胁的安全级别，并找出最高安全级别；
- 明确资产相关的各项威胁中的最高威胁等级和影响等级，并据此对资产的安全级别进行定义。

在安全需求整理环节，汽车企业不仅要掌握最初的安全目标，还应综合考虑当地法律法规、行业内的最佳实践、企业的历史经验等多项相关信息。

3.3.3 STRIDE 威胁分析模型

具体来说，STRIDE 所对应的各项威胁及其相关信息如表 3-8 所示。

表3-8　STRIDE所对应的各项威胁及其相关信息

属性	威胁	定义	例子
认证	spoofing（假冒）	冒充ECU或者用户	模拟某ECU进行报文发送
完整性	tampering（篡改）	修改数据	修改配置变量，修改报文信息
不可抵赖性	repudiation（否认）	宣称未做过某个行为	否认购买支付记录
机密性	information disclosure（信息泄露）	暴露信息给未经授权的访问者	密钥，定位信息
可用性	denial of service（拒绝服务）	使服务对用户拒绝访问或降级	车辆无法启动，功能无法使用
授权	elevation of privilege（权限提升）	未经授权获取权限	租用车辆人员获取车主权限

STRIDE 分析方法的流程主要包含以下 4 个步骤。

- 第一步：绘制数据流图

以功能逻辑为依据，绘制由实体、数据处理、数据存储和数据流四项内容构成的数据流图。具体来说，在数据流图中，实体主要指处理数据的用户和设备；数据处理涉及数据的输入路径和输出路径；数据存储主要指文件、数据库和消息队列等各个用于存储数据的内部实体；数据流表示以上三者之间的交互。

- 第二步：识别威胁

数据流图中的四项组成要素分别具有不同的威胁，STRIDE需要对各类威胁进行识别。具体来说，数据流图中的四项要素的威胁如表3-9所示，实体的威胁为假冒和否认，数据处理的威胁为假冒、篡改、否认、信息泄露、拒绝服务和权限提升，数据存储的威胁为篡改、信息泄露和拒绝服务，数据流的威胁为篡改、信息泄露和拒绝服务。

表3-9　数据流图中四项要素的威胁

要素	S	T	R	I	D	E
实体	√		√			
数据处理	√	√	√	√	√	√
数据存储		√		√	√	
数据流		√		√	√	

- 第三步：确定应对措施

STRIDE需要从具体的威胁出发，制定相应的应对措施，例如，当存在数据篡改威胁时，STRIDE可以利用数字签名、消息校验码等技术实现对这类威胁的有效检测，确保汽车基础软件的信息安全；当存在实体假冒威胁时，STRIDE可以借助身份认证技术来核实实体信息。

具体来说，STRIDE所对应的六类威胁的应对措施主要如表3-10所示。

表3-10　STRIDE对应的威胁类型与应对措施

威胁类型	应对措施
S	身份认证、数字证书、声纹、虹膜、个人信息
T	完整性校验、访问控制
R	安全审计、数字签名
I	权限管理、数据加密
D	灾备设施、流量过滤
E	权限最小化

- 第四步：安全验证

STRIDE安全建模方法需要检查各项缓解措施的有效性、缓解措施的全面性、数据流图设计的合理性，以及代码实现效果与预期设计效果之间的差距，确保各个环节、各项措施均能在信息安全保障方面发挥作用，并对威胁建模命名报告进行留档处理，以便在数据信息层面为迭代开发和增量开发的威胁建模提供一定的支持。

3.4 车载入侵检测与防御系统

3.4.1 入侵检测与防御系统

近年来,汽车行业快速发展,汽车的智能化和网联化程度不断提高,自动驾驶技术的应用也日渐成熟。为了充分满足各项应用和服务的要求,车载网络需要提供大量连接口,但由于车载网络存在脆弱性,因此,攻击者可能通过这些连接口来对汽车发起入侵,导致车辆处于网络安全风险当中。

一般来说,攻击者在对智能网联汽车发起入侵时,会探索传感器、直接接口、信息娱乐单元、驾驶辅助单元、远程信息处理单元等软硬件的潜在入口,并通过入口进行入侵。汽车行业的安全人员需要充分发挥防火墙、消息认证、数据加密、入侵检测和防御等手段的作用,加强对信息安全风险和入侵行为的检测,加大对各类物理入侵和远程入侵的防范力度,避免出现车载网络和系统被攻破的问题。

主动信息安全防御技术可以利用固定的安全机制来进行身份验证,限制攻击者访问,并提升数据帧的机密性和完整性,充分保证车载网络信息交互的安全性。具体来说,主动信息安全防御技术主要涉及身份认证技术、访问控制技术和加密技术,能够有效防范来源于外部网络的入侵,但难以避免内部入侵对系统造成损害。

除此之外,带宽和算力等因素会限制身份认证技术和加密技术发挥作用,导致其在汽车中的应用无法及时传输系统信息和报文信息,进而影响到系统和报文的实时性,不仅如此,带宽和算力等因素还可能对汽车的功能安全性造成影响,防火墙也只能对入侵接口和车内网络进行隔离,并不能有效隔离所有的入侵源。

入侵检测与防御系统(intrusion detection & prevention system,IDPS)可以广泛采集各项入侵行为的相关信息和车辆状态信息,及时检测出车内网络的潜在入侵和车外网络的不当行为,并从车辆状态和检测结果出发,采取相应的动态防御措施,保障车辆的网络信息安全。

入侵检测系统(intrusion detection system,IDS)和入侵防御系统(intrusion prevention system,IPS)都具备保护汽车网络信息安全的作用。其中,IDS可以检测出网络中的各类潜在入侵,如端口扫描、勒索软件、恶意软件、拒绝服务(denial of service,DoS)、分布式拒绝服务(distributed denial of service,DDoS)等;IPS可以帮助车载系统规避入侵,或在一定程度上化解入侵所造成的危害。

IDPS系统整合了IDS系统和IPS系统的各项安全防护功能,既能对各个车载系统进行监控,防止系统和网络遭受攻击者的破坏,也能及时发现入侵行为,并提醒管理员采取相应的处理措施。

与主动安全防御机制相比,IDPS系统具有带宽资源小和部署难度低等优势,能够节约资源，降低成本，也更适用于各类资源和成本相对较少的车辆网络。

3.4.2　IDPS 系统原理与分类

（1）IDPS 系统原理

IDPS 系统连接着车端和云端，具有动态防御功能，能够采集各项车载网络安全入侵和异常事件相关信息，并实现对各类入侵行为的检测、响应和处理，保护汽车的网络信息安全。具体来说，车载 IDPS 的拓扑结构如图 3-7 所示。

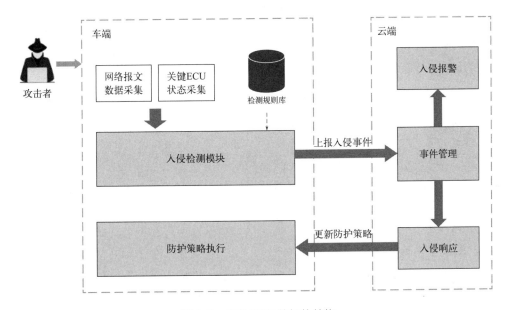

图 3-7　车载 IDPS 的拓扑结构

从 IDPS 系统的实际作用过程来看，在异常检测环节，当攻击者对车辆发起入侵时，该系统的数据采集模块将会获取车端各组件以及车载总线网络的各项报文数据和安全状态信息，并将这些信息传输到入侵检测模块中，以便及时发现车载网络和车内操作系统中的异常情况；在安全防护环节，该系统的入侵检测模块会向事件管理模块传输入侵事件信息，并由事件管理模块来完成安全事件过滤、报警日志生成和响应措施生成等工作，不仅如此，汽车网络安全运营中心（vehicle security operations center，VSOC）还会从报警日志中获取事件信息和车辆状态信息，并充分发挥空中下载技术（over the air technology，OTA）的作用，及时对车端的安全防护策略进行更新升级，确保车辆的安全性。

（2）IDPS 系统分类

IDPS 系统可以按照检测对象划分为以下三种类型：

① 基于主机的入侵检测防御系统（host-based IDPS，H-IDPS）。H-IDPS 系统

能够充分发挥各类配有操作系统或对外接口的主机系统的作用，如中央网关、监控 T-BOX、车载信息娱乐系统（in-vehicle infotainment, IVI）等，利用这些系统获取进程行为、文件完整性、网络连接活动、资源使用情况、日志字符串匹配等事件特征，并对这些事件特征进行分析，以便及时检测出系统中存在的异常，实现对各个易被入侵的关键 ECU 的监视和保护。

② 基于网络的入侵检测防御系统（network-based IDPS, N-IDPS）。N-IDPS 系统能够广泛采集车载网络总线中的报文数据，并对某段网络或某项设备进行字段匹配、流量数据监控和数据载荷解析，以便及时发现网络中的异常情况和潜在风险，实现对车辆内部网络入侵风险的有效检测。

③ 混合式入侵检测防御系统（hybrid IDPS, H-IDPS）。H-IDPS 系统是智能网联汽车领域应用最广泛的 IDPS 系统，该系统融合了 H-IDPS 和 N-IDPS 两个系统，能够对车辆进行全方位检测，及时发现并处理各项安全风险。

不仅如此，IDPS 系统还可以按照检测技术划分出以下几种检测方法：

· 基于特征的检测方法。这一方法常用于车辆网络入侵检测中，能够对车辆内部网络进行监控，并采集各项特征数据，以便实现对各类异常事件的有效识别。不仅如此，这一方法还可以分析车辆的网络架构和网络协议，并在此基础上获取各项网络特征，如远程帧、设备指纹、时钟偏移、频率观察等，从而为实现入侵检测观察提供支持。总而言之，基于特征的检测方法能够精准检测并快速响应特定入侵模型，且网络带宽价格低廉，能够在一定程度上减少在网络方面的支出。

· 基于信息论和统计分析的检测方法。这一方法常用于资源有限的车辆网络入侵研究当中，从作用原理上来看，车辆 CAN 总线的信息熵会在车辆遭受恶意入侵时下降，因此系统可以根据信息熵的异常变化来判断车辆是否遭到入侵。

· 基于机器学习的检测方法。这一方法融合了机器学习等算法，能够广泛应用于多种车型，对各项正常样本进行识别，但同时也存在异常样本采集量大、训练难度大等不足之处。

车载网络入侵检测与防御技术能够减少在计算和通信方面的开销，并在各种具有关键功能且资源有限的车载网络中发挥重要作用，有效保障智能网联汽车的网络信息安全。未来，我国汽车行业也需要进一步加大对车载网络入侵检测与防御技术的研究力度，为智能网联汽车的信息安全提供强有力的保障。

3.4.3 ethernet-IDS 检测技术

以太网（ethernet）是 IDS 的另一载体，由于与 CAN 总线在带宽、延迟等方面存在差异，ethernet-IDS 与 CAN-S 也有所不同。ethernet-IDS 在网络层工作，在确定目标检测网段后，它会对该网段的所有流量包进行捕捉，随后会提取数据的特征字段，利用这些字段来识别异常/入侵报文。Snort 是当前较为典型的 ethernet-IDS。

轻量化的目标是指在给定的边界条件下，实现结构自重的最小化。作为一种轻量化的、源代码开放的入侵检测系统，Snort具有灵活高速的特点。在接入以太网后，可以随时分析流量包、记录网络数据包和监测响应异常流量。初代的Snort检测对象仅限于为上层协议服务的IP、TCP、UDP等下层协议，但其所配备的预处理机制让其对上层应用协议的检测成为可能，这主要通过对预处理机制进行拓展实现。

Snort的原理架构图如图3-8所示。其中，配置模块的参数可以调节，从而对数据获取的配置、所选用的预处理方式、检测规则及日志的输出格式进行预设。数据获取模块主要负责数据（网卡中的流量）处理并将其输送至检测模块。检测模块负责异常行为的识别和处理，这个过程需要参照配置模块中预设的信息来完成。输出模块负责对数据的结果进行传输，并将其以日志解析的方式呈现，进行处理、封装和转发。

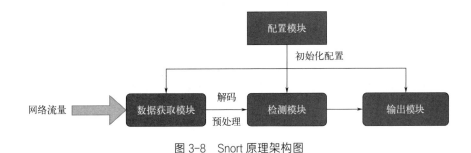

图3-8　Snort原理架构图

（1）配置模块

配置模块在IDS启动后便开始运行，通过初始化对每个模块的默认参数进行设定，以太网N-IDS中所有模块的配置选项设置均需要由配置模块来完成。Snort检测功能配置如表3-11所示。

表3-11　Snort检测功能配置

功能模块	配置选项
数据获取模块	应用层协议解析，监听的网络、流量包读取路径，流量过滤器
检测模块	载入的路径规则、规则相应机制
输出模块	输出日志的路径、输出日志的格式、输出日志的过滤器

（2）数据获取模块

数据获取模块对网络传输的最小单位数据包进行记录，原始数据报文能够被其直接记录，此外其还能够实现对本地数据包的数据请求重新发送，即重放。当网卡中的流量数据包被数据获取模块获取后，会参照配置文件中的信息对数据包进行预处理，对其语句进行编译，使得检测模块特征字段的检测能够直接进行，提升工作效率。

（3）检测模块

检测模块通过对以太网的网络流量和网络数据包两方面的相关数据进行检测，以识别网络中有问题的流量和行为。

① 网络流量检测通过监控带宽每秒收发信息的效率和信息熵，并对其进行分析来识别网络入侵，当上述两项数值高于正常值时，系统将会告警。

② 网络数据包检测在识别畸形报文入侵上较有优势，该类检测工具分别对正常场景的报文序列关系、信号关系和入侵场景（ICMP flood、TCP port scan 等）等进行定义，以定义的场景规则为参照，将网络数据包中的特征提取后进行对应比对，最终实现入侵的识别。

以规则为定义是 Snort 的典型特征，其规则编写方便灵活，甚至支持本地 IED 工具编写规则后直接导入到 Snort 的配置模块。Snort 的规则由文本构成，如图 3-9 所示，其主要包括规则头和规则选项两个部分。

图 3-9　Snort 规则编写示例

- 规则头：对较为固定的内容进行定义，包括数据包发出端、接收端的地址，以及端口信息，同时定义了协议类型和完成匹配后下一步的操作。
- 规则选项：能够对规则匹配的数据包特征进行定义，是 Snort 入侵检测引擎最关键的部分，对规则匹配数据包特征的灵活定义能够使得 Snort 更易使用，且灵活可靠。

（4）输出模块

检测模块得出检测结果后进一步对结果进行加工并将其输出为日志。配置文件中定义了检测结果输出的格式参数，检测模块以此为参数对其进行处理。此外，该模块还能够通过对参数的修改及规则设置进行时间过滤，以决定日志以何种频率进行输出。

综上可以看出，基于规则的车载网络入侵检测技术具有稳定、准确、易解释的优点，因此，其在车载网络入侵检测系统中占据重要地位。但与此同时，随着时代的不断发展，汽车技术不断进步，其电子电气架构由简单的分布式结构向复杂的车云一体结构演变，所需处理的网络数据趋于海量，车载协议的内容也更加全面细化，这使得汽车结构与所面临的网络环境越来越复杂。为了能够适应这种变化，基于规则的车载网络入侵检测系统的开发需要顺应发展趋势，在性能、可扩展性、兼容能力等方面不断进行提升。

3.4.4 国内外 IDPS 法规和标准

随着智能网联汽车的网络信息安全问题日渐突出，相关组织和机构不断加大对汽车信息安全标准的研究力度，制定、发布并落实各项相关标准和法规，加强汽车网络信息安全管理。

2020 年 11 月，我国开始实施《信息安全技术 汽车电子系统网络安全指南》(GB/T 38628-2020)，该文件为汽车电子供应链中的各项网络安全活动提供了指导，并指出智能网联汽车应具备检测网络安全状态和响应网络安全事件的能力。

同月，《信息技术 安全技术 入侵检测和防御系统（IDPS）的选择、部署和操作》(GB/T 28454-2020) 也正式落地实施，我国智能网联汽车行业可以根据该文件来部署和操作 IDPS 系统，并有效识别各类网络入侵行为，加强汽车网络信息安全保障。

除此之外，2020 年 6 月，联合国世界车辆法规协调论坛发布了关于智能网联汽车的重要法规 R155，并在该法规中指出，智能网联汽车应及时检测和响应各项潜在的网络安全入侵，并广泛采集各项相关数据信息，为网络入侵检测和取证提供支持，同时也要加强对各项网络入侵的分析。

2021 年 4 月到 5 月，我国工业和信息化部借助《智能网联汽车生产企业及产品准入管理指南（试行）（征求意见稿）》向社会公开征求意见，并在该文件中强调"企业应建立网络安全监测预警机制和网络安全应急响应机制，采取监测、记录网络运行状态、网络安全事件的技术措施，按规定留存网络日志不少于 6 个月，并制定网络安全应急预案，及时处置安全威胁、网络入侵、网络侵入等安全风险"。

2021 年 8 月 31 日，国际标准化组织（International Organization for Standardization，ISO）和美国汽车工程师学会（Society of Automotive Engineers，SAE）联合发布《道路车辆——网络安全工程》(ISO/SAE 21434)，并在该文件中对各类汽车网络产品的安全管理问题进行规范，为汽车制造商、供应商的各项汽车网络产品设计和制造活动提供指导，加大在道路车辆、车载系统、组件、软件、外部网络和设备通信等方面的安全保障力度。

第 4 章
数据安全检测与评估

4.1 汽车数据安全的基础知识

4.1.1 汽车数据安全的治理现状

在车联网车用规模不断扩大的背景下，车联网使用过程中产生的数据也呈现爆炸式增长，随之而来的数据安全问题也受到越来越多的关注。数据是车联网这座"大厦"的地基，如果没有相应的配套措施对数据进行监管和保护，那么无论是对车辆使用者个人还是对社会都会产生威胁。

对个人而言，如果个人信息与隐私泄露，将会带来一系列的损失；对社会而言，如果数据信息被恶意获取，车辆被远程控制，将可能引起交通事故，甚至成为恐怖袭击的帮凶，严重威胁公众和国家安全。因而车联网数据的收集、传输、使用和销毁全过程必须处于严格的监管及规范之下。

（1）政府层面

在政府层面，加强车联网数据安全管理体系的构建，提升车联网网络安全性，做好车联网数据的管理和安全保障，是我国近几年在车联网领域的重点工作之一。最近几年，一系列的相关政策陆续出台，使得车联网数据保护体系越来越完善。

2021年8月，《汽车数据安全管理若干规定（试行）》由国家互联网信息办公室发布，该规定的发布是为了向《新能源汽车产业发展规划（2021—2035年）》的实施提供配套政策，通过提升个人信息与重要数据的保护程度，让汽车数据处理活动的规范性进一步加强，减少数据安全问题对国家安全和公共利益的威胁。

2021年9月，《关于加强车联网（智能网联汽车）网络安全工作的通知（征求意见稿）》由工业和信息化部发布，该通知为基础电信企业、车联网运营企业、智能网联汽车生产企业提供了安全管理方面的指导，并明确提出，为了规范车联网产业的发展，各企业要加强数字安全和数字出境安全管理，在技术层面做好数据安全的保障工作，并进一步对数据的开发和共享进行规范，以提升整体的安全保障水平。

（2）企业层面

在企业层面，对车联网数据安全技术的重视程度同样不断提高，相关投入也有所增长。比如，2021年10月，大数据协同安全技术国家工程实验室——汽车数据安全研究中心在长春揭牌，该实验室由360与中国一汽联合建设，一些研究成果将在浙江德清等智慧交通示范区进行试点。

2021年11月，网宿科技推出的边缘计算解决方案对云计算及边缘计算技术在智能网联汽车领域的落地展开了探索，该方案将汽车本身视为一个个微型数据中心，通过将算力本地化部署在车内，实现汽车云计算化，从而承载实时产生的海量的车辆数据，在该过程中，数据的处理、计算和传输效率将大幅提升，数据安全将获得更大的保障。

此外，"数字认证"作为国内领先的网络信任与数字安全服务提供商，自主研发了多款以安全证书为核心的 C-V2X 安全认证产品，开辟了解决智能网联汽车与 V2X 设备信息安全问题的新道路。腾讯与上汽集团的深入合作也在如火如荼地进行中，以智能网联汽车的安全保障为目标，其所打造的智能网联安全实验室于 2023 年 4 月投入使用，数字孪生技术在自动驾驶中的应用测试也随之逐渐展开。

当前，虽然可以借助传统的数据保护方法对车联网数据进行保护与治理，但随着车联网场景的不断丰富，这类数据保护方法将逐渐难以满足车联网数据安全保护的要求，可能使得漏洞与隐患频出，让车联网数据安全保护面临巨大挑战。

以近年来所发生的汽车数据安全事件为例，2017 年，由于遭受数据库入侵，美国某经销商集团在册的 1000 万辆汽车的购买者信息被泄露，多个汽车品牌遭受不良影响。同年 12 月，日产汽车加拿大分部的车辆融资部门遭受黑客袭击，超过 113 万客户的个人信息及贷款信息被窃取。2019 年 4 月，丰田汽车的部分销售子公司同样因黑客入侵而导致超过 310 万客户的信息被窃取。2021 年 6 月，大众汽车近 330 万客户及潜在买家的数据同样被泄露。

频频发生的汽车数据安全事件昭示着车联网数据保护模型安全检测与风险评估研究的紧迫性，这类研究应尽可能全面细致，结合当下相关政策法规，对数据采集、存储及销毁过程中的规范性问题以及存在的风险进行安全评估；通过检测及时发现并排除数据认证与访问控制权限体系架构中的安全威胁；研制智能算法模型以降低数据处理过程中的隐私泄露风险；识别并追踪环境与跨境传输对数据流动可能造成的风险。

4.1.2 智能网联汽车的数据类型

以产生流程进行划分，可以将智能网联汽车数据归纳为以下三类。

（1）社会交通数据

① 汽车外部环境数据。一般包括智能网联汽车所处环境中的区域道路信息、停车位、护栏等基础设施信息，交通工具中处于或即将进入动态的人群和交通运输者、管理者信息，天气状况信息等。

② 地理位置数据。包括全球卫星导航系统与惯性测量单元联合进行惯性导航定位的数据、差分 GPS 基准站发送的定位数据、Wi-Fi 路由器位置信息、车辆自身及周边物体被传感器所捕获的位置坐标、运动轨迹和加速度等数据。

③ 车联网数据。包括网联车辆、路侧单元或者云端控制平台在通信网络中发布的环境、车辆信息，这些数据涵盖了道路交通及事件的同步数据、车辆自身及周围行人和物体自身及其运动信息、交通信号灯、道路弯曲程度及天气状况等。

（2）车辆技术数据

① 车辆运行中的常规数据。包括车辆设施的工作状态，如门、灯、窗的开关；车辆运行过程中各项装置的参数；车辆的行驶速度和行驶里程数、油门踏板开度、制动踏板百分比、发动机转速、发动机节气门的开启角度和车速及加速度变化。

② 车辆操作数据。包括加速、制动、驻车、熄火等操作和与之相关的电子处理器数据，以及空调、音乐/FM/蓝牙等的相关配置和应用数据。

③ 执行器数据。包括由决策模块下达的指令被控制器所接收并执行后所反馈的控制器及其所控制下的装置的状态、对数据的审计结果、密钥、证书及鉴权数据。

（3）用户数据

相较于传统汽车，智能网联汽车的功能丰富程度与个性化程度都大幅提升，而这一变化的实现需要大量数据的支撑，因而无论是在数量维度还是类别维度，智能网联汽车在使用过程中需要收集的用户个人数据都超越了传统汽车。其所收集的信息既包括使用者的年龄、性别等个人基本信息，也包括使用者的职业、地址、喜好、声音、指纹等较为敏感的个人身份及生物识别信息。

通过这些信息，智能网联汽车能够更好地实现其安全及个性化功能，如使用指纹锁和声纹锁激活车辆控制系统，从而保证用户身份的合法性；记忆使用者的常用行驶路线、个性化推送音乐及电台，从而优化用户的使用体验。

4.1.3　智能汽车的数据安全风险

当前，随着智能网联汽车产业的发展速度不断加快，车辆数据管理中存在的安全问题也进一步凸显。具体来说，智能汽车的数据安全风险主要体现在以下几个方面。

（1）数据采集方面

精准、全面的数据采集是智能网联汽车各项功能得以实现的保障。智能网联汽车的数据采集具有数据量大、数据种类多、数据精度要求高等特点。所采集的内容既包括车辆自身的操作、运行、技术与位置数据，又包括用户相关的数据，还包括车辆外部环境的信息（如导航系统提供的地图数据、传感器所提供的视觉和路况数据等）。同时，业务数据和第三方数据也是其采集的对象。

不同数据的收集难易程度不同。由于直接出自车辆系统内部或由用户自主输入，且信息来源的准确度高，一般车辆和用户的数据收集难度较低。而由于我国国土面积较大，一些细小的路干信息难以准确获取，原始信息精确度低，且同一时间不同路干、同一路干不同时间的路况都有所不同，信息复杂程度高。这就使得地图数据、位置数据、视觉数据和路况数据收集难度较大。

由于在社会发展过程中城市与乡村的自然扩张，不断有新的道路被开辟，旧的道路被废弃或改道，这也使得对路况信息的准确采集变得更加困难，所采集到的信息全面度与准确度都较低。而智能网联汽车的安全运行又大大依赖于全面、准确、可靠的路况信息。二者之间的矛盾最终加剧了智能网联汽车在发展过程中所面临的数据安全难题。

（2）数据种类方面

由于信息采集对象及其所适用的采集方式的多样性和差异性，在进行数据采集时不可避免地要受到多方面因素的干扰，这也是产生数据安全隐患的原因之一。在智能网联汽车的应用链条上，如果作为源头的数据出现问题，那么接下来的使用过程中所面临的威胁也会随之加大。

（3）数据存储方面

云端存储是智能网联汽车数据存储的主要方式，虽然还存在另一种存储方式即本地存储，但由于其所存储的数据数量有限，因此应用率不及云端存储。云端平台能够根据数据类别采取相应的控制方式，这使得数据管理的效率大大提升。但由于所存储的数据精细化程度高、数量庞大，因而其安全保护要求也更高。一旦云端数据被入侵或管理出现问题，将会导致数据遭到滥用。

通过信息采集与高效存储来提供智能网联汽车安全发展必不可少的数据，是数据存储的初衷。但这些数据本身的重要性与高价值决定了其可能会成为一些不法分子所觊觎的对象。因此，智能网联汽车的使用安全和公共的生命财产安全可能会面临巨大的风险。

此外，为了更加高效地对存储空间进行利用，大数据往往以分布式存储作为主要存储方式，这就使得等级、类型不同的数据混杂在一起，不利于数据的分级防护，这也成为数据保护工作中的困扰之一。这一问题如不加以解决，将掣肘智能网联汽车行业的健康发展。

（4）数据传输方面

除了数据采集和存储，如何进行数据的安全传输也是需要加以考虑的关键问题，其决定着数据信息能否顺利到达汽车端。由于需要对收集和储存的庞大数量的数据进行传输，因而该过程同样面临较大的挑战。数据传输过程中的风险主要来自以下两个方面：

① 来自内部的传输风险。由于数据以二进制数或数字脉冲的形式一帧一帧地在 CAN 总线上进行传输，且 CAN 总线通过物理方式与车辆的控制系统进行连接。因而，数据传输过程中可能会出现因车辆遭受入侵而导致 CAN 报文被篡改和伪造的情况，或因连接端口接触不良、通信线路遭到阻塞等，导致数据无法使用或无法进行反馈。此外，若 CAN 总线与 ECU 之间通信缺乏认证保护，也会使得黑客有机可乘，盗取所传输的数据。

② 来自外部的传输风险。主要来自车辆的外部通信及广播功能。当车辆使用短距（蓝牙/Wi-Fi 等）或长距（4G/5G/C-V2X 等）车外网络进行通信时，由于通

信链路安全性防护措施较为薄弱，容易被第三方接入，导致所传输的数据被窃取或入侵。此外，在一些情形下 V2V 广播会在与其他汽车的通信过程中暴露本车的位置和行驶路线，这也会带来一定风险。无论是来自内部还是来自外部，如若上述安全风险不能被排除，都将会成为智能网联汽车信息安全发展的桎梏。

（5）数据使用方面

智能网联汽车在数据使用过程中所涉及的主体与对象也存在一定的复杂性，安全风险也随之产生，且由于数据使用进入了智能网联汽车的应用环节，因此该方面存在的安全风险往往不容易得到重视。虽然数据收集、存储与传输的最终目的是实现数据的使用，但此过程也会成为进行信息盗窃活动的良机。

作为新兴产业，目前智能网联汽车产业相关配套政策尚未完善，在管理职能划分和相关法律法规建设方面仍存在漏洞，这也让很多不法分子有机可乘，对于数据信息的盗取和滥用愈加猖獗，并以此作为牟利的手段，使智能网联汽车的安全发展与用户的个人权益都受到严重的不良影响。

4.1.4 数据安全检测与评估框架

当前，各国政府部门和企业均借助框架设计来实现数据的治理与安全评估，以防范数据安全威胁。美国的纽约证券交易所（Gartner）和国家标准与技术研究院（National Institute of Standards and Technology，NIST）分别提出了数据安全治理（data security governance，DSG）框架和企业安全能力检测框架（IPDRR）模型。我国的阿里巴巴与中国电子技术标准化研究院、国家信息安全工程技术研究中心联合提出了信息安全技术数据安全能力成熟度模型（data security capability maturity mode，DSMM）国家标准。

（1）DSG 数据安全治理框架

Gartner 所提出的 DSG 框架致力于构建数字治理的完整体系，具体阐述了如何通过实施步骤最终实现良好的治理，为相关工作的开展提供了可供参照的标准。在架构上，该框架以数据安全治理的前提、数据安全治理的具体目标和数据治理的技术支撑为骨架，以具体实施过程中的企业和组织参与为血肉，在对数据进行分类分级的基础上，将数据安全治理工作的展开划分为建立管理问责制和决策权、决定可接受的安全风险、进行安全风险控制和保证风险控制有效性几个环节。其框架如图 4-1 所示。

（2）IPDRR 安全能力检测框架

随着社会数字化程度的不断提高，网络入侵事件的数量和恶劣程度都呈上升趋势，要想从根本上对这类问题加以解决，必须从改善数据安全大环境的角度出发，从之前的"防范威胁带来的破坏"向着未来"以治理为手段防止威胁的产生"迈进。

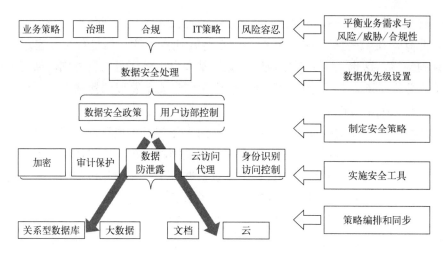

图 4-1 DSG 数据安全治理框架

美国 NIST 所提出的 IPDRR 框架对此做出了大胆的尝试，其具备风险识别、安全防御、安全检测、安全响应和安全恢复五大功能，主要特点是将模型的核心功能由防护转变为检测和业务连续管理，在 IPDRR 发布前及其投入使用后，不断接受相应的安全测试，以实现其保证全环节安全管理的功能，具备自适应的安全能力。IPDRR 网络安全系统框架如图 4-2 所示。

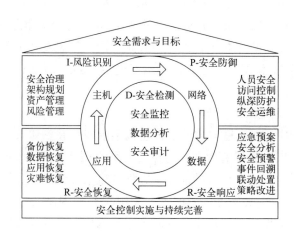

图 4-2 IPDRR 网络安全系统框架

（3）DSMM 数据安全能力成熟度模型

阿里联合国内相关电子信息技术研究部门编写的 DSMM 数据安全能力成熟度模型提供了符合我国实际的数据安全能力的通用标准，其对贯穿数据生命链条的采集、传输、存储、处理、交换和销毁等环节，从组织、制度、技术、人员等方面进行分级，对数据安全能力进行评判。然而，上述评估框架发展尚不完善，缺乏相应的方法和配套工具,难以实现对风险的全面排查,对于一些特殊场景中可能存在的高精准度、全覆盖范围、易进行溯源的要求难以满足。

4.1.5 数据安全检测面临的挑战

结合国内外数据安全检测与评估技术的探索实践,可以发现在智能网联汽车的应用过程中,其数据安全检测与评估仍有以下四个方面的不足有待改进。

(1) 数据合规性检测方法欠缺

为保证车辆功能的正常实现,车联网场景下需要采集用户信息,并对其中所包含的私人敏感信息进行销毁。为确保该过程合法合规,不会引发隐私泄露问题,需要对所采集的数据进行合规性检测。

但当前数据合规性检测方面存在两大难点:一是车联网场景下的数据处于动态变化之中,不断增减更新,传统的静态检测难以满足其检测要求,检测的结果准确性不足;二是车联网场景下各种功能的实现会产生海量数据,因而对数据的安全存储能力提出了一定要求,而当下的数据存储技术无法保证能够完整地存储数据,这就使得数据面临一定的被篡改的风险。

数据合规性检测方面面临的难题为我们指明了下一阶段数据合规性检测技术的发展方向,即可以使用敏感数据的发现与保护(sensitive data discovery and protection,SDPP)算法精准识别敏感数据存储位置,多种算法组合脱敏以确保数据安全可用;利用算法对已有的相关法律法规、标准条例进行迁移学习,实现对所存储的敏感数据的精准检测;在多维度场景下,对数据进行分级评估,精准定位到关键数据并进行快速销毁,确保所销毁的内容是目标内容。

(2) 数据认证环节易遭受外部入侵

在车联网中,进行数据的安全获取需要多模块进行协同,以实现访问者的身份认证,确保其在权限范围内进行访问。

常用的 STRIDE 分析方法从智能网联的结构切入,对欺骗、篡改、否认、信息披露、拒绝服务、权限提升等行为进行识别分析,虽然贯穿了外部连接、网络、服务、设备各个层级,但其更偏向于确保产品架构、功能设计的安全,无法保证编码的安全,对于数据生命周期的其他阶段难以兼顾。为保证数据认证环节的安全性,需要建立相应的 STRIDE 威胁识别模型,并借助各类检测方式对智能网联汽车数据认证体系架构中的漏洞进行深入挖掘。

(3) 存在安全性问题及敏感信息泄露风险

针对数据处理阶段所存在的安全性问题,常见的防御方式有对抗训练技术和 k-匿名、l-多样性、t-保密等主要对文本或数据库类型的数据进行保护的信息泄露应对方案,但这几种方案都各自存在其局限性。

首先,对抗训练技术只能对训练中曾经遇见过的威胁进行识别,当出现未知风险时其防御功能无法发挥，也无法完成对算法模型自身安全漏洞的检测，其训练样本来源有限；其次，车联网情境下会产生大量的非文本和数据库数据，传统的敏感信息泄露应对方案所能够识别应对的风险仅覆盖了车联网数据的一小部分，对数据的保护范围有限。因此，为了保证数据处理过程的安全性，需要搭建通用、高效的检测平台，并利用检测平台尽可能多地对已有漏洞进行搜集，同时丰富检测方法，综合多种算法对传统敏感信息应对方案难以解决的人工智能算法数据进行检测。

（4）异常流动难追溯、网络态势复杂

针对车联网的数据流动环节中的网络态势感知评估问题，具体的风险应对措施均具有一定的缺陷。比如建模过程复杂，难度较大，可行性较低；建立在海量计算的基础上，要求边缘设备具有高算力，应用成本高等。

针对数据流动环节中的数据异常值检测问题，由于需要引入参数对异常值进行判断，因而参数本身会影响检测结果，造成检测结果不稳定，需要使用特定算法减小参数带来的影响。

针对数据流动环节的数据溯源问题，通过 IP 端口扫描，对数据包的流动轨迹进行追溯的方法在车联网场景中应用时，会因为车联网产生的数据数量庞大，导致需溯源的数据量没有上限，数据溯源算法的工作量大，溯源的时间成本高。此外，这种溯源方法也会增加对车联网资源的占用，加重网络负载。

因此，为了保证数据流动过程中的安全性，在进行网络态势评估时，可以将 D-S 证据理论引入到相关的应用中来，这是一种不确定性推理工具，用其进行数据融合，准确、高效地进行网络态势的感知；在进行异常流动数据检测时，可以通过使用泰森多边形构建 Delaunay 三角网，并联合数据聚类技术将相似性高的数据划为一类，利用数据组和离散点来进行检测；在进行数据溯源时，可以运用正交技术标定数据包位置，实现数据流量的溯源。

综上所述，以现有成果为基石，在数据合规性检测方面、数据认证方面、数据处理方面以及数据流动方面分别研究出与之相对应的风险评估与安全检测方法，同时借助网络态势感知、人工智能等相关技术对数据环境与动态进行测评，如此才能够在数据全生命周期内的各个环节提升数据对威胁的抵御能力，提升其整体安全性。

4.2　数据安全检测与评估技术

车联网的运行以数据为纽带，以数据所承载的内容为核心，数据安全是车联网产业发展的"红线"。要想顺利实现智能网联汽车的技术升级，让智能网联汽车保持持续健康发展的行业态势，就必然不能忽视智能网联汽车的数据安全保障问题。智能网联汽车数据流动框架图如图 4-3 所示。

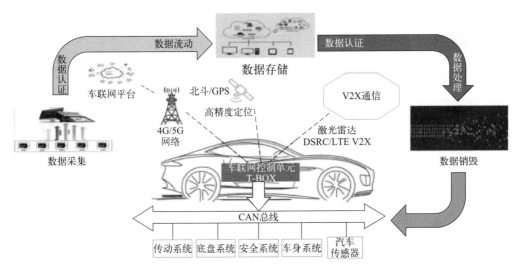

图 4-3 智能网联汽车数据流动框架图

因此,对面向车联网的数据保护模型和安全评估与风险检测技术进行研究,能够有效把控智能车联网的数据安全,推动智能网联汽车产业的安全发展,助力交通强国建设。

对智能网联汽车数据安全的评估主要包括数据出境安全、安全合规以及安全风险评估三个方面,主体分别为智能网联汽车拥有及使用者、智能网联汽车及其服务供应企业、监管人员。上述三方形成互相联系的稳定三角关系,以车联网的数据安全为共同目标。

从数据被采集到使用完成后被销毁的生命周期内,由分散在各个环节的汽车制造商、配件供应商、服务提供方所进行的数据操作贯穿了智能网联汽车的产业链条,但与此同时,数据操作的脆弱性问题也同样贯穿于数据操作的上、中、下游,如数据采集环节可能存在的敏感数据类型繁多、分类分级不准确问题,数据存储环节面临的合法合规性问题,数据流动环节面临的数据异常流动及流动网络态势复杂问题,数据销毁环节面临的销毁方式单一与复杂场景的应用需要不匹配问题等,具体描述如表 4-1 所示。为避免安全威胁,必须采取措施对数据操作的脆弱性予以保护。

表 4-1 数据操作脆弱性描述

数据监测环节	脆弱性描述
数据采集	敏感数据的类型繁多; 敏感数据分类分级不准确; 传统数据检测开销大; 非结构数据识别困难
数据存储	数据分类分级的准确性和一致性; 数据存储的合法合规性

续表

数据监测环节	脆弱性描述
数据认证	多层级面临安全威胁； 权限控制所面临风险
数据处理	智能算法模型安全性； 隐私数据信息易泄露
数据流动	数据容易出现异常； 数据异常流动难追溯； 数据流动网络态势复杂
数据销毁	单一触发方式数据销毁难以应对复杂场景； 关键数据分类分级销毁合规性、可靠性、及时性、准确性

下面首先对智能网联汽车数据采集环节进行简单分析。

4.2.1 数据采集

数据采集工作是数据生命周期的开始，同样是开展数据安全控制管理工作的第一切入点，只有从数据采集开始就采取谨慎的态度，后续以数据为核心的工作才能够顺利开展。

数据信息本身就具有多方面、多层次、多维度的特点，涵盖内容复杂，因而对于数据信息的采集也要力求全面；同时也要充分注意到，对于数据信息的采集并不是一个阶段性的、静态的工作，而是一个持续性、动态化的过程，因而在进行数据采集工作时要具有发展的眼光，及时做好信息的更新维护。要能够保证提供给车联网的数据始终是全面、准确且有效的，做好数据信息安全方面的保障工作。

因为智能网联汽车的应用需要对用户数据进行搜集，其中涉及一些隐私和敏感信息，为避免信息侵害纠纷，需要所采集的数据通过合规性检测。一般这类检测往往采取静态策略完成，但是在车联网环境下，数据不是静止状态，而是处于不断产生、不断更新的流动状态，这就需要应用动态策略进行数据检测，以确保所有数据都经过检测。此外，完成分级后对数据全生命周期的风险评估和管控也是当前安全合规性检测研究中的一项重点内容。

4.2.2 数据存储

数据存储同样是车联网场景下数据方面的重要工作之一，能否做到对数据的安全存储是该阶段检测与评估工作的一项重点内容。由于数据存储技术发展存在一定滞后性，目前尚不能保证完整地对数据进行储存，为更好地预防和应对数据被恶意篡改的情况，需要对数据存储技术进行合规性检查。

对于数据存储工作，也要加强其全过程的安全管控。对此，各大公司都纷纷进行了相关领域的探索。在数据存储技术方面，Google 处于领先地位，其自主开发的谷歌文件系统（Google file system，GFS）采用集群概念对硬件设施进行连接，使之共同完成对文件的存储；同时对现有服务器的优势进行利用，最大限度地减少了硬件弱点。

随后又紧跟发展需要，相继推出了功能不断完善的 GFS-Colossus、BigTable 和 Megastore。其中，BigTable 根据数据的内容建立数据模型，对外提供读写数据的接口。Megastore 在其基础上引入了实体组（entity group，EG）的概念，提供了更为友好的数据库。

采用 Megastore 的数据模型和 BigTable 在数据可扩展性方面的技术，分布式数据库领域的新星 Spanner 横空出世。一个由 GPS 和原子钟共同实现的程序接口（application programming interface，API）将各个数据中心之间的时间不确定性控制在 10ms 内。以 Spanner 服务器为基石，2012 年 6 月，被命名为 F1 的新型数据库被 Google 推出，该数据库扩展了 Spanner 已有的外部一致性、类 SQL 接口和常见事务支持等特性，成为名副其实的 NewSQL 数据库。

微软公司在数据存储方面所做的尝试也同样值得关注。2017 年 5 月，Cosmos 平台发布，作为微软公司历经 7 年时间自行开发的分布式计算平台，其能够实现大规模数据集的存储分析，支持多个应用程序编程接口（API），宗旨是通过集群中服务器数量的增加来对自身存储容量和计算量进行扩展。Cosmos 平台主要由 Cosmos 存储系统、Cosmos 执行环境和一种高级脚本语言 SCOPE（structured computations optimized for parallel execution）三部分组成。

Facebook 作为知名的社交软件公司，同样在存储技术发展方面不甘居于人后。2012 年，为了解决 Facebook 中的图片处理问题，Facebook 公司推出了 Haystack，实现了图片的大规模存储。此外，具有高效可靠、弹性伸缩等特点的 Hadoop 也被开发出来，用以满足 Facebook 的应用场景需要。因为负责对海量数据进行计算的 MapReduce 开发难度大，学习成本高，为了解决这一问题，Facebook 在 Hadoop 框架之上推出了大型数据仓库 Hive，用以将 Structured Query Language 转换为 MapReduce 任务，解决海量结构化日志的数据统计问题。

具体来说，数据存储技术的比较如表 4-2 所示。

表4-2　数据存储技术的比较

处理技术	优点	缺点	适用场景	开发机构
BigTable	提升了容错能力，具有持续性，能自动负载均衡，可扩展	不能提供一致性和事务级别的需求	大规模数据存储	Google

续表

处理技术	优点	缺点	适用场景	开发机构
Megastore	有类似RDBMS的数据模型，支持同步复制，利用Paxos协议保证实体群组内的数据具有ACID语义的强一致性	吞吐量小，不能适应应用要求	大规模数据存储	Google
Spanner	"临时多版本"的数据库取代了BigTable的版本化key-value存储，时间API，这个API能将数据中心之间的时间同步精确到10ms以内，并且可扩展，全球分布，支持外部一致的事务	在复杂的SQL查询上并不能保证所有的节点都能高效地执行，数据中心间数据的传输时间的延迟较长	超大规模数据存储	Google
F1	融合了BigTable的高扩展性和SQL数据库的可用性和功能性，底层由Spanner支撑，可以同时提供强一致性和弱一致性	并行查询执行、故障恢复、隔离、优化、迁移应用时要求不宕机等方面还面临很多挑战	大规模数据存储	Google
Cosmos	数据的多次复制保证了它强大的数据容错能力，拥有自己的硬件和软件机制，可保证系统的可靠运行；通过增加集群中的服务器的数量来实现存储容量和计算量的增加；数据并行分布减少了总的运行时间，处理PB级的数据比传统的方法花费少	元数据处理性能较差，这是由其元数据分布策略决定的；提供管理工具，使用起来不够方便，系统的可扩展性还有待提高	大规模数据存储	微软
Haystack	副本技术实现容错，简化元数据结构，以追写的方式存储图片，效率高，图片对应有index文件，重启时易创建；通过在主存中执行所有元数据的查询来减少磁盘的操作，提高整个系统的吞吐量，双节点热备的AvatarNode，提高了节点的可用性	系统的可拓展性有待提高	图片的存储，大规模的社交网络中共享图片的请求	Facebook

4.2.3 数据认证

为了保证数据信息的安全性，需要实施数据访问控制，在各个模块的配合下，以用户名和密码、指纹识别、人脸识别等方式对用户进行身份认证；以角色管理、权限管理、访问控制列表等方式对用户访问数据的范围进行权限管理；以强制访问、自主访问、角色访问等方式对用户进行访问控制。但这一过程极易遭到外部入侵。

为了更好地保证数据访问的安全性，针对数据访问控制等问题，国内外学者进行了许多相关研究。

在国外学者的研究中，通过随机生成数据并将其输入到动态运行的被测程序入口，监控其运行情况以寻找缺陷的模糊技术在对控制器域网（CAN）、车载网络的测试中得到了较多的应用。通过搭建虚拟与仿真环境，对数据安全访问模块的测试也得以实现。

国内学者的研究则是通过威胁建模的方法对车联网数据的访问、用户身份的确认、访问权限的管理等过程中存在的安全威胁进行识别、量化以及应对。结合智能网联架构四个功能层的特点，以 STRIDE[spoofing（仿冒）、tampering（篡改）、repudiation（抵赖）、information disclosure（信息泄露）、denial of service（拒绝服务）和 elevation of privilege（权限提升）] 为基础，设计危险识别系统对威胁进行识别。该识别方法的优点是能够在产品开发的早期阶段使用有效的投入规避大量的风险，避免后期因改造而花费巨额成本或因设计缺陷酿成更大的损失。缺点是此种方法覆盖面有限，且动态评估难度较大。

电子控制单元（ECU）是对汽车控制系统、防抱死制动（ABS）和高级驾驶辅助系统（ADAS）等一系列功能进行管理的单元，一辆汽车上装配的 ECU 能够达到上百个，它们通过 CAN 网络相互通信，共同完成对车辆的控制。由于 ECU 本身负责车辆的控制，而其所使用的 CAN 网络的内置安全功能主要用以保证通信效果而非抵御网络入侵，因而 ECU 面临着被篡改及控制权被夺取等安全问题。

针对 ECU 安全风险问题，当前提出的解决方法有二：一是进行 CAN 总线网络的模糊性测试，找出漏洞，排除安全隐患；二是进行 ECU 级别评估，以对其进行标准化测试，但后者主要在理论层面进行探讨，落地难度较大。因此现阶段，模糊测试技术仍是对数据权限体系内的漏洞进行排查的主要解决方案，以此技术为基础开发出一套可行、高效的漏洞挖掘系统将是相关领域研究的一项重要任务。

4.2.4 数据处理

智能网联汽车应用场景下，数据处理中面临的问题主要有两方面：一是数据处理所使用的智能算法模型自身可能存在安全问题；二是一些隐私数据可能会在此过程中被泄露。

算法模型在运行中可能存在的安全问题包括遭受投毒攻击等恶意入侵、数据漂移、数据对齐等。为了保证算法模型自身的安全可靠，国内外的很多专家学者积极探索可行方法，其中，在保证数据隐私安全及合法合规的基础上，实现共同建模以保证算法效果的联邦学习和在训练过程中引入对抗性样本辅助模型进行入侵识别与抵御能力提升的对抗训练先后被提出，但是在实际的应用中，两种方法都存在一定缺陷。

联邦学习由于需要信息共享，攻击者可以通过目标模型的输出反推训练数据，从而使得模型遭受反演入侵、置信度推测等窃取隐私的入侵；而对抗技术训练则只能对已有的入侵进行防御，且可以引入的对抗性样本缺乏供应。

为了防止智能网联汽车收集、存储、传输的隐私数据被窃取，研究者提出了多种解决方案，主要包括数据脱敏（k-anonymity，l-diversity，t-closeness）和建立网络敏感信息分类模型两方面，但这些方案都存在一定的局限性。

从敏感信息抹除角度，数据脱敏技术能够在完成数据利用后及时对数据进行变形处理，从而避免隐私泄露。但是该方法无法实现所有类型数据的全覆盖，难以满足车联网种类丰富的数据保护需求，仅能够对文本或数据库类型的数据进行保护，而实现对一些非文本的数据（如音频视频数据）的保护，则需要对这些方案进行完善升级。

此外，可以从敏感词筛选角度分类，根据数据中心敏感词的分布特性和情感极性等特征，利用语义学习及上下文判断技术和双向编码器表示技术（基于 CNN 和预训练变换器）构建网络敏感信息分类模型。该类型方案能够提升敏感信息过滤的精确度，并对威胁进行分级。但是这类方案对应用场景有所要求，难以支撑车联网大量异构数据的隐私保护。因此，若想真正排除车联网数据处理过程中的安全隐患，必须从智能算法模型安全性检测和隐私泄露检测与防御两方面着手，对相关技术进行深入研究。

4.2.5　数据流动

保障车联网数据流动过程中的安全性，需要从车联网网络态势感知评估、车联网数据流动异常值检测、车联网数据流动溯源三个方面展开。

首先，对车联网网络态势的感知评估方法有三种：第一种是基于数学模型的评估方法，主要是通过建立数学模型来对车联网安全态势进行理解分析，但由于数学建模难度较大，该方法可行性较低；第二种是基于模式识别的评估方法，该方法主要通过海量计算来实现对网络安全态势的评估，但其巨大的计算量对边缘设备的配置要求较高，从而使得该类评估方法成本高昂；第三种是基于知识推理的评估方法，该类评估方法主要通过 D-S 对不确定信息做智能处理和数据融合，以此实现网络态势的评估，相较于前两种方法，此种方法可操作性强、成本相对较低，因而是一种较理想的选择。

其次，用以进行数据流动异常值检测的算法也已发展得比较完善，主要有两种算法：第一种算法是以距离为基础的计算，通过设定阈值，利用某个距离函数计算数据对象相互之间的距离进行判断；第二种以数据密度为基础，将数据的离群值大小作为判断依据，在这个过程中也需要对标准阈值进行预设。以上两种计算方法都需要在判断中引入新的参数，而参数的存在会对检测结果产生比较大的扰动，这就需要在检测中通过算法将扰动控制在合理的范围内，确保检测结果的可靠性。

最后，对车联网中数据流动溯源主要采用基于传统IP网络的数据溯源登记方法，数据包从起始端发出，经过不同节点到达车联网终端，这个过程会形成一条数据流动轨迹，因而通过IP端口扫描就可以对数据包的流动轨迹进行追溯，数据包自发出后经过的节点越多，需要溯源的数据量也就越大。而车联网中存在大量的网络节点，这就产生了海量需要被溯源的数据，使用IP网络技术进行溯源时将会给网络造成巨大负担。

为了降低网络溯源过程对车联网网络的占用率，对数据进行压缩后传输的方法被提出，压缩包括有损压缩和无损压缩。但是这类技术所需要的算法复杂度高，同样会产生网络负载问题，且溯源的效率和精度都不理想，受限于上述问题，车联网溯源技术难以真正实现其价值。

综上所述，保证数据流动过程中的安全性仍任重道远，对这些问题的解决需要从数据自身、数据的流动环境和路径等多个角度出发，兼顾异常流动数据检测、网络态势感知检测评估和数据路径溯源三个方面，如此才能真正实现数据的安全流动。

4.2.6 数据销毁

数据销毁就是彻底删除各类硬件设备（如电脑、服务器、移动设备等）存储的数据信息，使这些数据信息无法恢复，也不能被访问。

一般来说，数据销毁的方式主要包括两种，如表4-3所示。

表4-3 数据销毁的方式

销毁方式	具体内容
物理销毁	通过磁盘粉碎、烧毁、化学处理等方式损坏数据存储介质，使其无法继续使用
逻辑销毁	通过数据擦除、覆盖、加密等方式彻底删除数据存储介质中的数据信息

除此之外，数据销毁也可以划分为硬销毁和软销毁两种类型，如表4-4所示。

表4-4 数据销毁的类型

销毁类型	具体内容
硬销毁	硬销毁能够确保被删除的数据不可恢复，具有较高的安全性。从实际操作上来看，主要以物理破坏或加密的方式来删除数据存储介质中的数据信息，使数据无法被读取，也无法恢复，如覆盖硬盘磁性、物理粉碎、烧毁、化学处理等
软销毁	软销毁并不会彻底删除数据，被删除的数据仍旧存在恢复的可能，因此安全性相对较低，从实际操作上来看，主要利用软件或应用程序来删除数据

综上所述，硬销毁具有较高的安全性，但在技术和成本方面的要求相对较高，软销毁的实现难度较低，但难以保证数据的安全性。在选择数据销毁方法时，相关工作人员需要明确自身的实际需求和安全要求，并据此选择合适的方式。

常见的数据销毁工具主要包含如表4-5所示的几种类型。

表4-5 常见的数据销毁工具

销毁工具	具体内容
数据擦除软件	可以通过擦除的方式覆盖和清除计算机、移动设备或数据存储介质中的数据
磁盘破坏器	可以通过物理破坏硬盘的方式来彻底损坏数据，如将硬盘粉碎成小块，使数据无法恢复
数据加密工具	可以利用密码算法对数据进行加密处理，限制未授权用户访问数据，并通过销毁解密密钥的方式让所有用户都无法访问数据，进而达到销毁数据的效果
数据归档和备份工具	既可以归档和备份各项数据，也可以删除数据及其副本，保障数据安全
专业服务提供商	可以利用专业的设备和技术对数据进行销毁，防止数据被泄露或篡改

总而言之，无论采用哪种数据销毁工具，最终目的都是安全有效地销毁数据，对存在数据销毁需求的人来说，在选择实现路径时还需综合考虑自身的需求和场景等多项相关因素。

4.3 自动驾驶的数据隐私保护

4.3.1 自动驾驶的数据收集

自动驾驶技术为驾驶带来了便利，不过在使用这项技术时，需要格外重视数据的安全和隐私问题。以下将介绍自动驾驶的数据收集、数据隐私、安全挑战以及数据保护。

数据收集对于自动驾驶来说很重要，根据收集到的数据，自动驾驶系统能够感知环境状况，并在此基础上进行智能决策。

具体而言，自动驾驶系统用到的数据包含以下几类。

（1）传感器数据

传感器负责提供关于外部环境的数据，自动驾驶车辆一般装有以下几种传感器。

① 摄像头。对于自动驾驶系统而言，摄像头这一传感器的作用非常关键，它负责收集视觉信息，并以高清图像的形式呈现出来，使驾驶者了解到环境中车辆、行人、道路设施、障碍物等要素的情况。用于自动驾驶系统的摄像头有单目摄像头、立体摄像头、全景摄像头等不同类型。

② 激光雷达。激光雷达具备测距功能，通过激光束对障碍物进行定位，并描画出其形状，得到障碍物与车辆之间的准确距离，根据测距结果绘制出三维点云地图。在光线较暗的环境或是极端天气下，激光雷达依然有较好的性能表现。

③ 雷达。雷达通过无线电波检测环境，收集环境中车辆、行人、障碍物等物体的信息。雷达的检测能够覆盖较远的距离，同时恶劣天气不会对雷达的工作造成很大影响。

④ 超声波传感器。超声波传感器的作用是探知距离车辆较近的障碍物，多用于停车等场景，防止出现碰撞事故。

（2）车辆状态数据

自动驾驶系统需要用到车辆状态数据，以了解车辆当前所处的状况。车辆状态数据如表4-6所示。

表4-6 车辆状态数据

数据类型	具体内容
速度	根据速度数据调节车辆行驶速度，保障行驶安全，同时确定最优行驶路线
转向角度	根据转向角度数据确认车辆在转向时是否处于正确的姿态和轨道，确保车辆安全地完成转向
制动状态	根据制动状态数据确认车辆是否已启动刹车，在必要的情况下作出正确的制动行为，保护车辆安全
加速度	通过加速度数据确认车辆是处于加速还是减速状态，并结合实际情况进行速度调节

（3）地图和导航数据

地图和导航数据用于帮助自动驾驶系统规划行驶路径，该数据主要由表4-7所示的两者提供。

表4-7 地图和导航数据

数据类型	具体内容
高精度地图	高精度地图可提供多种道路信息，包括交通信号，交通标志、标线等。根据高精度地图给出的数据，自动驾驶系统可得出当前条件下最合理的行驶路径，作出正确的行驶决策
全球定位系统	GPS主要发挥车辆定位的作用，一般与高精度地图配合使用

（4）通信数据

在行驶过程中，自动驾驶车辆需要进行各种通信活动，这个过程会产生通信数据，通信的对象包括车辆、云服务器、交通设施等。通信数据主要有两种，如表4-8所示。

表4-8 通信数据

数据类型	具体内容
交通信息数据	即实时道路状况，如当前各路段的拥堵情况、施工路段、事故发生地点等，根据交通信息车辆可做到合理规划行驶路径，确保行车安全
软件更新	软件更新的相关数据由通信网络发送给自动驾驶系统，软件更新的目的是实现系统的优化，提升系统性能、扩展系统功能、解决系统存在的问题和漏洞

综上，自动驾驶车辆在行驶过程中需要用到多项数据，通过这些数据了解外部环境和车辆自身的状态，以合理规划路径，做出正确的驾驶决策，提升驾驶的安全性。可以预见的是，未来技术的持续进步将催生出更加高效准确的数据收集和处理方法，到时自动驾驶系统将具备更加强大的性能，在可靠性上实现显著提升。

4.3.2 数据隐私和安全挑战

在享受自动驾驶技术成果的同时，也要认真应对随技术而出现的挑战，这种挑战来自数据隐私和安全挑战两个方面，如图 4-4 所示。

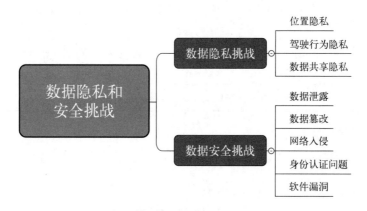

图 4-4 数据隐私和安全挑战

（1）数据隐私挑战

① 位置隐私。自动驾驶系统需根据车辆的实时位置规划导航路线，做出驾驶决策。位置信息属于驾驶者的隐私，此信息在系统运行的过程中有泄露的风险，从而对驾驶员的安全造成威胁。

可借助匿名化技术解决位置信息的泄露问题，使位置数据无法体现驾驶者的个人信息。

② 驾驶行为隐私。与驾驶者的驾驶行为有关的数据会储存在自动驾驶系统中，据此可了解驾驶员的驾驶习惯和具体的驾驶操作。有的攻击者可能会未经允许擅自调用他人驾驶行为数据，侵犯他人隐私，并将数据用于广告等商业目的。

为了防止驾驶行为数据的泄露，可采用访问控制和匿名化的手段，设置数据的访问权限，对数据标识实施模糊处理。

③ 数据共享隐私。在与车辆、交通基础设施等的通信过程中，自动驾驶车辆需进行数据共享，以此同自己的通信对象建立有效的协同关系。不过有些时候，用户的个人信息也会参与到数据共享中，无意间造成了用户隐私的泄露。

可借助数据聚合和去标识化的方法实现数据共享过程中的隐私保护，在遵守隐私相关法规的前提下，将涉及隐私的信息排除在共享数据之外。

（2）数据安全挑战

① 数据泄露。关键和敏感数据的泄露可能会造成严重后果，对用户的利益乃至人身安全造成威胁。因此，需采取有效的安全防护措施避免数据泄露情况的出现，从传输、存储等数据处理的各个环节入手，采用稳定的可信赖的数据加密算法，设置数据的访问权限，最大程度保障数据的安全。

② 数据篡改。除了泄露之外，数据还有遭到篡改的风险，被恶意篡改后的数据将向车辆发出错误的引导，造成严重的安全隐患。

针对数据篡改攻击，可采用安全硬件模块和数字签名进行应对，通过这两个组件确认数据是否完整，及时修正被篡改的数据，避免出现严重后果。

③ 网络入侵。自动驾驶车辆采用网络作为通信手段，有的攻击者会通过网络向车辆发动入侵，盗取重要的车辆数据，具体入侵手段有恶意软件注入、拒绝服务等。

可采用防火墙、入侵检测系统等抵御网络入侵，消除通信过程中的安全威胁。

④ 身份认证问题。攻击者会在未得到允许的情况下擅自发起访问，或者是通过伪造身份等方式取得访问权，威胁系统和数据的安全。

针对非法访问，实施严格的身份认证，识别攻击者的伪造身份，未通过认证者一律不得访问系统和数据。

⑤ 软件漏洞。攻击者会将自动驾驶系统软件选为入侵面，抓住软件的漏洞向系统发起入侵。防范软件漏洞入侵，需对软件实施定期检查更新，排查软件存在的漏洞，并在第一时间修正。

综上，面对伴随自动驾驶技术出现的数据隐私和数据安全方面的挑战，需采取有效的防护措施，保障系统和数据的安全，避免用户的隐私和利益受到侵犯。随着自动驾驶系统安全防护技术持续取得进步，用户的安全和隐私将得到更加坚固的保障，这将对自动驾驶系统的应用推广产生积极作用。

4.3.3　自动驾驶的数据保护

数据传输行为的发生频率是区别智能网联汽车与一般汽车的重要特征，车与万物的互联以及车辆自身各系统与设备的协同工作都依靠数据通信进行。因此，数据的传输效果决定着智能网联汽车的工作效率、服务水平，数据的安全性也决定着行驶中的隐私安全、财产安全、人身安全。如何利用相关数据提高智能网联汽车数据的安全性一直是行业内部关心的问题。

目前，针对一些特定的工况，已开始应用不同的数据保护技术，通过使用这些技术，汽车的数据安全得到了一定的保障，这说明相关技术开发是有一定成效的。在具体的开发过程中，厂商对各技术的优劣、适用情况逐渐有了一定的了解，对各种技术的相关总结如表4-9所示。

表4-9　数据安全保护技术的功能特点

技术名称	技术特点	数据采集	数据传输	数据存储	数据加密	数据交换	数据应用	数据销毁
数据加密	原始数据机密性、完整性	√	√	√	√	√		√
数据脱敏	隐私数据关键信息可隐藏	√			√			
数据识别	敏感数据可精确识别	√	√	√				
数字水印	流通后的数据可追溯	√		√				
数据沙箱	原始数据不出沙箱			√		√	√	√
隐私计算	原始数据不出域		√		√	√	√	

其中，隐私计算与数据脱敏的使用场景是相对较多的。隐私计算技术主要是指先将数据在车辆内网完成处理后，将匿名的信息转发到外部网络，这些加密过的信息仍然可以被接收、分析、使用，只是安全程度更高，不易被外部入侵破解泄露。加密处理的过程需要同态加密、可信计算等其他几种技术的参与。数据脱敏技术也是在车内网络处理数据，不同的是其主要是对数据进行筛选，删除涉及隐私的信息，在让剩下的信息不易被破解、无法推导车主信息的同时，还保留了最基本的通信功能。

虽然隐私计算技术处理的是一手原始数据，但由于在处理时避开了车主的身份，所以即使在汽车内网也不会造成车主信息的广泛传递，且经过这种技术处理后的信息不易失真，因此可以兼顾信息传输速率与隐私安全。其具体应用场景是当在比较危险的网络环境中建立V2X连接时，可以保证匿名建立通信，进而完成协同工作进程。

自动驾驶技术的安全，很大程度上取决于自动驾驶系统数据的安全，下面将详细介绍几种数据安全的保护手段。

（1）数据加密

① 传输加密。在传输过程中，数据有遭到截获或篡改的风险，要想对此类风险实施有效防范，需对数据的传输环节进行加密处理，此操作需要用到TLS、SSL等传输协议。在车辆的外部通信和内部通信中都可以使用数据加密。

② 存储加密。借助加密算法对车内存储的数据实施加密处理，防止攻击者通过物理手段访问和盗取数据。

（2）匿名化和去标识化

① 匿名化位置数据。前面已经提到，匿名化处理的应用对象是位置数据，将个人身份信息从位置数据中排除出去，起到保护个人隐私的作用。

② 去标识化行为数据。对驾驶行为数据实施去标识化处理，使攻击者无法通过数据识别个人信息，达到保护个人隐私的目的。

（3）访问控制

① 身份认证。针对车辆数据的访问实施身份认证，拒绝未得到授权和许可人员的访问。具体的认证方式有用户名密码输入、生物特征识别等。

② 访问权限。设置系统的访问权限，没有取得权限者一律不得访问系统，防止系统遭到非法入侵。

③ 审计日志。将数据访问行为记录下来，掌握与数据有关的情况，以此来排查问题和异常，并确定造成问题的原因。

（4）安全硬件

安全硬件模块（hardware security module，HSM）可用来实施加密操作，对密钥起到保护作用，通过安全层抵御数据篡改入侵。

（5）网络安全

① 防火墙和入侵检测系统。用于保护车辆的网络安全，通过流量监控及时发现网络存在的异常状况，有效地抵御网络入侵。

② 安全升级机制。定期更新车辆软硬件，针对已知的漏洞进行修补，提升安全防护等级，增强安全防护效果。

（6）安全培训

面向自动驾驶领域的从业人员开展安全培训，向其传授数据安全知识和安全防护技能，为自动驾驶系统的安全性提供重要保障。

（7）安全合作

车企可以与友商、供应商、政府部门、科研机构等建立合作关系，通过交流协作促进安全防护技术的开发，形成有效的安全防护方案，推动数据安全问题的解决。

综上，用于自动驾驶系统数据保护的技术方法有多种，它们可以应对不同类型的安全风险，抵御不同的入侵手段，合理利用这些防护方法以保护数据安全，提升自动驾驶的安全性。此外，在保护数据安全方面，还要注意遵守相关的法规和标准，同时充分发挥安全合作和安全培训的作用。

总之，在自动驾驶领域，数据安全和隐私始终是一个重点问题，这关系到用户的切身利益，会在很大程度上决定自动驾驶系统的可用性以及在消费市场的认可度。因此，针对数据安全和隐私问题，需要不断推进技术的开发和相关法规的完善。

第 **5** 章

车载网络通信安全

5.1 车载网络通信安全概述

5.1.1 车载网络安全现状

随着智能网联汽车相关技术的发展以及应用的逐渐普及，车辆功能和控制与信息、网络的联系更加紧密，这在提升车辆的自动化、智能化程度的同时，也无形中扩展了汽车被入侵的渠道，使得信息网络层面的入侵如汽车非法功能激活、汽车控制、隐私窃取等成为可能，侵害方式也由原本的对汽车进行直接破坏与财物窃取转变为通过夺取汽车控制权的方式勒索车主、引发行车安全事故乃至发动大规模恐怖袭击。因此，近些年来，对汽车的入侵行为引起了较大关注。

车载网络作为汽车控制和功能的核心，是网络攻击者开展入侵的重要切入点和主要目标。因此，对车载网络安全性分析的研究也成为汽车网络安全研究领域的一个热点。

国内外的诸多研究机构通过实验等方式进行了研究，比如：

• 2011 年，德国马格德堡大学的研究人员进行现场实验，演示了通过控制中央网关、安全气囊、汽车警示灯以及车窗均有可能侵入 CAN 总线网络系统；全球领先的嵌入式安全系统提供商 ESCRYPT 公司也曾强调，智能网联汽车的数据安全需要得到重视。

• 2016 年和 2017 年，腾讯安全科恩实验室对特斯拉部分车型的网联模块进行研究，并发现了其中存在的安全漏洞。基于此安全漏洞，在车辆运行以及驻车状态下均能够对其进行远程控制。ECU 中的 Linux 操作系统和浏览器的 0 day 漏洞是入侵取得成功的关键。攻击者自中央信息显示模块 CID 进入，远程接入信息娱乐系统，继而攻破中央网关，掌握整个车内网络的控制信号。随后攻击者使用中央网关借助 CAN 总线报文、UDS 信号发送各类控制信息，远程控制和入侵该车辆。

• 2017 年，专注于安全测试等领域的荷兰 Computest 公司的两位研究员通过对奥迪和大众两个品牌汽车的多款车型进行研究，找到了它们系统中可被黑客远程利用的漏洞。该漏洞主要存在于车载信息娱乐系统中，当车载信息娱乐系统连接车载 Wi-Fi 后，潜伏的攻击者便能利用娱乐信息系统中的漏洞向 CAN 总线发送报文，从而控制车辆的中央屏幕、扬声器和麦克风等装置。

近年来，各大汽车厂商也将汽车网络安全问题作为重要着力点。比如，通用、特斯拉、菲亚特、克莱斯勒等车企，均通过与漏洞赏金平台建立合作，以期尽早发现安全漏洞，尽可能降低安全危机带来的损失。

除了上述研究机构和汽车生产企业，一些国家的政府部门也对当前存在的汽车网络安全问题采取行动。比如,美国国家公路交通安全管理局(NHTSA)作为美国政府部门汽车安全的最高主管机关,自智能网联汽车面世以来一直十分重视车辆网络安全问题;日本信息处理推进机构(Information-technology Promotion Agency,IPA)在 2013 年发布了汽车网络信息安全指南来对相关问题进行指导,其中提出了 IPA-car 安全模型;我国于 2023 年颁布的《国家车联网产业标准体系建设指南》,也从网络安全与数据安全角度提出了适用于智能网联汽车技术框架的通用要求和共性评价准则。

5.1.2　车载信息安全隐患

近年来,汽车行业正推动汽车向智能化、网联化和电动化的方向快速发展,汽车行业的各个企业陆续与互联网公司进行合作,力图进一步推动汽车与互联网的融合,但汽车与互联网之间的连接也为车辆带来了网络信息安全问题,导致智能网联汽车频频遭受入侵。

为了解决智能网联汽车的网络信息安全问题,梅赛德斯-奔驰汽车公司与 360 集团达成合作,由 360 集团的安全人员为其提供网络安全服务。2019 年 12 月,奔驰宣布 360 集团的安全人员在奔驰汽车的连接功能架构中发现了 19 个漏洞,并完成了漏洞修复工作。

除此之外,比亚迪也与 360 集团建立了合作关系,试图借助 360 集团的力量来解决智能网联汽车的信息安全问题。就目前来看,360 集团的相关工作人员已经展开了对以太网在车载网络中的应用研究,并对未来的汽车电子电气(electrical/electronic,E/E)架构进行构想,同时也制定了关于控制器局域网(controller area network,CAN)总线的通用安全解决方案,并借助入侵实验对汽车的网络脆弱性进行验证,构建车辆信息系统安全防护评估系统和基于人工神经网络的入侵检测模型,以便保障智能网联汽车的网络信息安全。

为了充分保障智能网联汽车系统的网络信息安全,汽车行业还需从汽车车载网络信息安全出发,制定相应的汽车车载网络通信安全架构方案,建立多域分层的入侵检测模型,从预防、检测和预警三个环节入手,全方位加强对智能网联汽车系统的安全防护。

具体来说,汽车车载信息安全隐患主要包括以下几个方面。

(1)车载 T-BOX 入侵

车载 T-BOX 可实现远程查询、远程控制和报警等诸多功能,能够为智能网联汽车与车联网服务平台之间的信息通信提供支持。从作用过程上来看,车载 T-BOX 需要先获取车载内部 CAN 通信数据信息,再充分发挥无线通信的作用,将这些信息传输到云平台或 App 中。

车载 T-BOX 的安全隐患主要涉及三项内容,如表 5-1 所示。

表5-1 车载T-BOX的安全隐患

安全隐患	主要内容
固件逆向	车载T-BOX固件可被逆向解析,攻击者可以借助这种方式来获取密钥,并对通信协议进行解密
预留调试接口	车载T-BOX均有预留调试接口,攻击者可以通过该接口来获取各项内部数据,并通过对这些数据的分析达到解密通信协议的目的
控制指令	攻击者可以假冒云平台向车辆发送控制指令,并借助指令信息实现对车辆的远程控制

(2)车载IVI系统入侵

车载IVI系统主要由导航设备、通信设备、收音机、CD机、辅助驾驶系统、路况播报系统等软硬件组成,能够与蓝牙、Wi-Fi和通用串行总线(universal serial bus,USB)连接,支持车辆实现实时导航、路况播报、信息查询、辅助驾驶、无线通信、在线娱乐等功能。对攻击者来说,可以借助通信网络对IVI系统发起入侵,也可以在各项应用软件升级时获取访问权限,并在此基础上入侵IVI系统。

(3)诊断接口OBD-Ⅱ入侵

汽车自诊断系统(on-board diagnostics,OBD)中的OBD-Ⅱ是ECU与外部进行交互的接口,能够读取车辆的数据信息,识别车辆的故障码,并在此基础上对车辆进行诊断和维修。对攻击者来说,可以从OBD-Ⅱ入手对汽车发起入侵,破解汽车的内部通信协议,也可以通过OBD-Ⅱ向车辆发送错误的控制指令,从而达到对车辆进行远程控制的目的。

(4)传感器入侵

智能网联汽车中装配有大量传感器设备,在运行过程中,车辆需要借助这些设备来实现车与车通信、车与人通信、车与路通信以及车与云端通信。攻击者可以通过窃听车载传感器中的信息或向车载传感器中植入恶意信息的方式入侵车辆,干扰车辆对周边环境行为的判断,进而影响行车安全。

(5)车内网络传输入侵

CAN总线的使用成本较低、抗电磁干扰能力较强,且通信速率适中,能够为汽车内部网络通信提供支持。就目前来看,CAN总线已经被广泛应用到汽车电控系统当中。CAN总线采用了非破坏性总线仲裁方式,校验难度较低,安全防护不足,且能够实现一个节点发送,多个节点接收,因此攻击者可以通过CAN总线来入侵车辆,以便通过重复发送报文、拒绝服务和篡改信息等方式阻碍汽车正常运行。

5.1.3 汽车外部通信安全

外部通信安全是汽车信息安全的重要组成部分,须通过有效的技术方案加以保障。车辆的外部通信如图5-1所示。

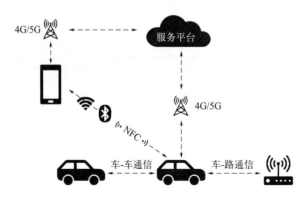

图 5-1　车辆外部通信示意图

汽车的外部通信分为三类：近程通信、远程通信、云端通信，保障外部通信安全要从这三类通信入手。

（1）近程通信

将移动设备连至车载蓝牙、借助 NFC 解锁车辆并进入、与车辆共享 Wi-Fi 热点，这些都属于近程通信，近程通信存在诸多安全威胁。

比如，蓝牙的潜在安全威胁有漏洞入侵、劫持、配对窃听等；NFC 解锁可能遭到中间人入侵，使车辆钥匙的复制品落入攻击者之手，对车辆安全造成严重威胁；Wi-Fi 通道也可能遭到入侵，攻击者可借此进入汽车终端，造成用户隐私信息的泄露。

将蓝牙更新至最新版本可解决蓝牙的漏洞，此外可将第三方认证引入蓝牙通信，通过设置 PIN 码抵御入侵；针对 NFC 入侵，可在钥匙启动之外增添其他的启动方式，比如输入 PIN 码，也可以选择携带式 NFC 设备作为启动设备，避免钥匙被攻击者复制；在不使用 Wi-Fi 热点时将其关闭，降低受到安全入侵的可能性，另外要避免热点密码过于简单，尽量增加攻击者破解密码的难度。

（2）远程通信

远程通信面临的安全威胁有伪造终端和基站，以及数据的窃听、篡改、重放等，攻击者可通过这些手段侵入车辆终端，窃取用户的重要信息，并取得车辆的控制权，造成难以预料的后果。以车载 T-BOX 为例，借助此设备可实现远程的车辆控制和数据传输，攻击者可通过表 5-2 中的三种手段对其发动入侵。

表5-2　车载T-BOX的入侵手段

入侵手段	具体内容
固件逆向	对固件进行逆向分析，破解通信协议，侵入汽车通信
信息泄露	入侵预留的调试接口，从接口处获取汽车的内部数据，完成对通信协议的破解
远程控制	伪造云平台的控制指令，取得汽车的远程控制权。此外，车辆与其他车辆及路边设施的高效通信也会成为入侵面

硬件防火墙可用于应对远程通信威胁；针对固件面临的安全威胁，对固件进行加固处理，提升其可靠性；运用防火墙和入侵监测等安全手段保障汽车的通信安全，设置访问权限，拒绝未认证的访问者，通过有效的隔离措施保障车机内网不受入侵，对连接状况进行实时监测，如果发现异常则立即开展防御。

（3）云端通信

通过入侵云端通信，攻击者可窃取到用户的重要信息，或是对信息进行篡改。为了保障云端通信安全，车载终端设备须拥有相应的安全功能，包括证书管理和TLS安全通信。运用TLS安全通信协议，综合利用商用密码的各项安全技术，保护车载终端设备与云端服务平台之间的通信安全，具体防护措施有双向身份认证、对通信数据进行加密处理、验证数据完整性等。

5.1.4 汽车内部通信安全

当前，车辆内部通信采用的主要通信方式仍然是CAN/CANFD。在汽车智能化和网联化的发展趋势下，车辆功能的复杂度不断提高，外接口与内部单元间的通信变得越来越频繁，产生了大量的通信数据，在这样的背景下需格外重视车辆的内部通信安全问题。车内网络通信拓扑示例如图5-2所示。

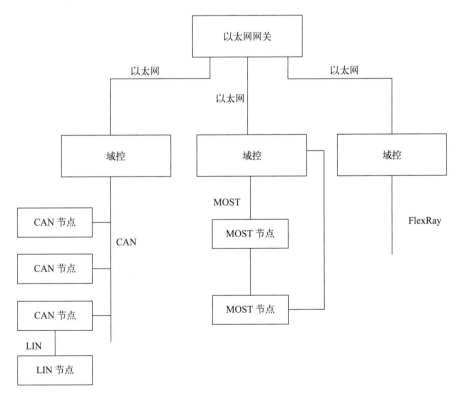

图5-2 车内网络通信拓扑示例

CAN 等车载网络协议在安全方面存在不足之处，该协议下采用接收并过滤报文 ID 的方式完成车内网络通信，但是从安全的角度来看，这种通信方式有着明显的缺陷，部分报文的防护措施只限于循环冗余校验（cyclic redundancy check，CRC），不认证重要身份，也不对通信进行加密。此外，整车对高速通信需求的持续增长使得车载以太网协议应运而生，其运行要用到 TCP/IP 协议栈，适应车载以太网的使用需要，须提升内部通信的安全性。车载以太网协议模型如图 5-3 所示。

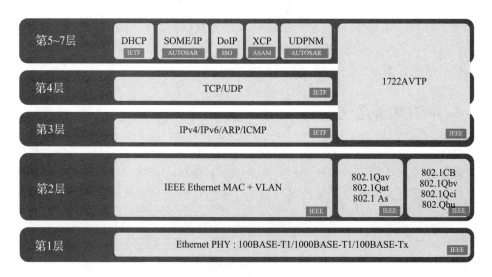

图 5-3　车载以太网协议模型

借助车载以太网协议，可进行高频率的数据传输，并扩大数据传输的规模。针对车载以太网协议，需采取有效的安全措施，达到抵御风险的目的。攻击者可借助各种手段监听车内报文，报文内容被窃听的后果不单是私密数据泄露，攻击者还可能对内容进行篡改，以此来控制车内 ECU 设备，造成严重后果。

当前，针对车内网通信的入侵手段主要有重放入侵、嗅探入侵、侧信道入侵，安全防护则从身份认证、通信加密、数据可靠性三方面入手。

（1）身份认证

模块间设置访问权限，对访问实施控制，按照通信业务的重要程度确定各个子系统的权限等级。在控制访问的同时采用合理的功能逻辑，在保护信息安全的同时确保子系统功能的正常运转。每个子系统都带有身份标识，通信过程中通过标识完成彼此之间的身份认证。

SecOC 技术运用了 MAC 算法，构建 CAN 通信的车内通信认证机制，以提升通信的安全性。具体而言，SecOC 技术使用的是 AES-128-CMAC 算法，各控制器拥有一致的对称密钥，通信时借此计算 CAN 报文的 MAC 值，完成控制器的身份认证。有时车辆需要从 OBD 接口接入外部诊断仪，按照统一诊断服务（universal diagnostic services，UDS）协议进行诊断，外部诊断仪的身份认证由 SecurityAccess（0x27）服务（安全访问机制）负责，具体的认证手段为挑战响应。对于车载以太网通信而言，可借助 TLS 协议构建车内通信认证机制，借助算法套件完成 TLS 协议的密钥协商和身份认证，进而实现安全传输。

（2）通信加密

各子系统在通信的过程中会产生通信数据，对于这些数据要实施加密处理。CAN 通信强调实时性，由此决定加密方案的时延不宜过长，另外在选择方案时还需要考虑成本。车载以太网通信采用的是 TLS 协议，通信数据的加密可通过指定安全算法套件或安全算法来实现，该方法同样可用于数据的解密。

（3）数据可靠性

汽车系统需对报文进行实时监测，及时发现存在异常状况的报文，以及未经许可的入侵行为，并对此发出警报，出具分析报告。系统中有冗余备份，同时还建有重发机制，以确保传输过程中数据的可靠性。另外，系统还需发挥抵御入侵的作用。子系统之间进行数据交换时，要通过有效的技术手段分散数据，防止同一时间数据过于集中，造成总线堵塞。

在 CAN 通信中，SecOC 技术可通过新鲜度值管理保护报文免遭重放入侵，借助 MAC 算法确保报文不受篡改。将网络入侵检测系统（network intrusion detection system，N-IDS）引入车载网关，监控报文流量以及报文的长度、周期、频率、工况、相关性等信息，如果发现异常状况，则经由车载 T-BOX 将情况告知云端服务器。在抵御重放入侵方面，车载以太网通信使用的手段有时间戳等，使用时间戳时，要注意双方需按照一致的时间进行通信，并且时间的参考来源应具备足够的权威性。

5.2 车载通信安全解决方案

5.2.1 域集中式 EE 架构

随着智能网联汽车的功能逐渐多样化，汽车中的电子控制单元（electronic control unit，ECU）日渐增多，车辆与云端和第三方软件之间的远程通信也越来越多，攻击者可能会通过云端和第三方软件对车辆发起入侵，进而威胁车辆的网络信息安全。对使用分布式电子电气架构的车辆来说，装载大量 ECU 既会带来线束设计复杂度升高和逻辑控制难度加大等问题，也会影响自身的网络信息安全。

为了解决因 ECU 造成的网络信息安全问题，汽车行业需要优化调整汽车的电子电气架构。2016 年，美国汽车工程师学会发布了 J3061TM《信息物理融合系统网络安全指南》，并将其作为汽车网络安全的统一标准，定义汽车电气系统和各个互联系统之间的安全流程。

从智能网联汽车的信息安全开发框架上来看，汽车 E/E 架构设计能够在一定程度上为车辆信息安全系统设计提供支持，而系统设计是支撑车辆进行信息安全防护的基础。为了在架构设计和系统设计层面为汽车信息安全提供保障，汽车行业的相关安全人员需要对车辆与外部环境、车载网络、ECU 级别、单个组件等设备和设施的连接情况进行检查，找出汽车网络信息安全系统中存在的漏洞，并提高 E/E 系统的安全等级，进一步强化汽车信息安全系统。

不仅如此，汽车行业的相关安全人员还需对车辆信息安全功能进行测试和评估，对车辆信息安全架构进行验证，从功能和架构层面确保车辆的网络信息安全，并提高软硬件设计之间的协调性，确保软硬件的安全性和可靠性。

例如，美国的特斯拉积极革新汽车 E/E 架构，将 Model 3 车型的 E/E 架构划分为中央计算模块（central control module，CCM）、左车身控制模块（body control module left，BCM LH）和右车身控制模块（body control module right，BCM RH）三部分，这三部分均装配有高性能处理器，既能快速处理功能域内的各项数据计算任务，也能利用 ECU 实现对车辆外围设备的控制，并支持功能域中的各个系统和模块进行信息通信，保障车辆的网络信息安全。

具体来说，CCM 主要负责车载信息娱乐系统（in-vehicle infotainment，IVI）和辅助驾驶系统的各项功能，能够实现对外通信和车内系统域通信；BCM LH 和 BCM RH 负责车身与便利系统、底盘与安全系统以及各个动力系统的各项功能。

随着汽车 E/E 架构由分散式转变为域集中式，网络信息安全问题得到了缓解，同时计算模块的算力也得到了提升。具体来说，域集中式电子电气架构如图 5-4 所示。

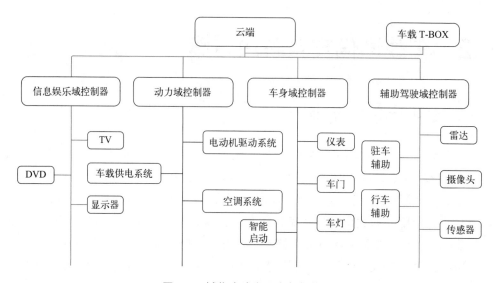

图 5-4 域集中式电子电气架构图

在采用集中式 E/E 架构的智能网联汽车中，各项功能会在域控制器的主导下整合成相应的功能模块，且各个功能域的通信总线与其内部功能相关，车辆可以针对功能域的实际功能来确认其通信速率需求，并据此选择相应的通信总线，如 CAN 总线、FlexRay 总线、局部连接网络（local interconnect network，LIN）、系统传输总线（media oriented system transport，MOST）等。不仅如此，各个功能域也可以利用以太网进行信息通信，以便提高信息传输速率。

在域集中式 E/E 架构中，域控制器可以为域内部、域与域以及域与云之间的信息通信提供支持，域内 ECU 可以充分发挥具有通信功能的控制器的作用，为车辆控制相应的执行器件完成操作指令提供支持。

从我国汽车行业的实际情况和需求来看，智能网联汽车域集中式 E/E 架构应具备智能化、网联化和电动化的特点，并为各项相关功能和应用提供支持。与汽车分布式 E/E 架构相比，域集中式 E/E 架构中具有算力强大的处理器和独立性较高的域控制器，能够充分满足车辆在算力方面的要求，就目前来看，华为、瑞萨、赛灵思、地平线、NXP、TI、NVIDIA、Mobileye 等多家汽车企业都对汽车 E/E 架构进行了变革，同时制定并实施了相应解决方案。

在域集中式 E/E 架构下，智能网联汽车可以根据功能和通信速率划分成多个功能模块，且各个功能模块之间相互独立，当攻击者以其中一项功能为切入点对车辆发起入侵时，相应的域控制器会及时发现并处理这一安全隐患，攻击者的入侵也并不会对其他功能域造成干扰。由此可见，域集中式 E/E 架构能够将入侵限制在一个功能域当中，防止入侵面扩大。

5.2.2 域控制器层安全

为了保障智能网联汽车的信息安全，汽车行业的安全人员可以获取和分析入侵过程的相关信息，并在此基础上采取主动防护、入侵检测和应急处理等多项措施，针对不同的入侵阶段进行防护。具体来说，在遭受入侵之前，安全人员应充分发挥主动防护的作用，全方位检查车辆的各项通信数据，针对各类常见入侵方式建立相应的防护措施；在遭受入侵后，安全人员应实时监测车辆的通信状态变化情况，采取相应的应急措施，并进行动态更新，进一步加强风险防范。

总而言之，汽车行业的安全人员需要深入分析汽车信息安全技术适用性模型，革新汽车域 E/E 架构，构建多域分层入侵检测模型，并利用该模型检测车辆的 ECU 层、云端层、域控制器层和车内网络传输层，以便根据分层入侵检测的结果来安排主动防护措施，提高防护的精准性和有效性。

具体来说，多域分层入侵检测示意图如图 5-5 所示。

在汽车域集中式 E/E 架构中，域控制器是汽车内外网络信息交互的安全边界，可以为整个域的数据计算提供平台，为域与域以及域与云的信息交互提供支持，为

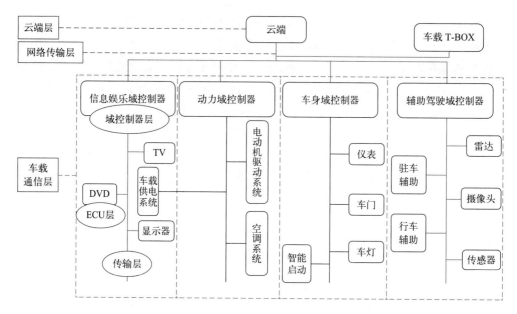

图 5-5 多域分层入侵检测示意图

了提高车载网络的安全性,汽车行业的相关安全人员需要加大对域控制器的安全防护力度。从实际操作上来看,安全人员需要为域控制器设置安全防火墙,并检测各项数据的安全性,加强对访问权限的控制,并建立网络信息安全日志。

智能网联汽车的通信报文中包含 ID、校验位和数据信息等多项内容,其中,ID 可用于区分报文传输优先级、明确报文目的地地址;校验位可用于防止数据信息在传输过程中丢失,提高数据信息的完整性;数据信息可用于明确操作指令。

位于汽车域控制器处的安全防火墙发挥着访问控制的作用,能够在一定程度上限制攻击者访问。具体来说,安全防火墙框架图如图 5-6 所示。

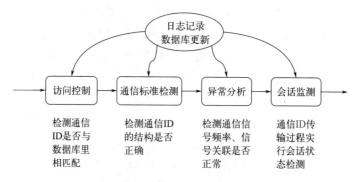

图 5-6 安全防火墙框架图

对汽车行业来说,应广泛采集汽车通信报文相关数据,构建汽车通信报文的白名单数据库,以便车辆在发现报文请求时对比报文 ID 和白名单数据库中的数据信息,并根据对比匹配情况进行授权,助力车辆实现防火墙访问控制功能。

防火墙异常检测技术主要包括各类入侵异常检测方法,这些方法大多与聚类、信息熵、神经网络、遗传算法、关联规则等相关。从作用原理上来看,入侵异常检测方法就是分析各项车辆通信数据,并建立汽车通信网络安全模型,以便对用户和系统行为进行监控,同时也要分析数据活动,并在发现非法数据活动时及时进行报警记录。

一般来说,汽车报文主要包含周期报文和事件触发报文两种类型,智能网联汽车需要充分发挥入侵异常检测技术的作用,从实际情况出发,构建相应的汽车通信网络安全模型。

汽车借助周期报文进行入侵异常检测时,应先确定报文周期阈值,并在此基础上建立入侵检测模型,再将该阈值与报文周期进行对比,根据对比结果来判断是否存在防火墙被入侵的情况。

事件触发报文具有发送周期随机的特点,且各个操作指令之间联系密切,例如,车速信号和刹车信号之间呈负相关关系,油门踏板信号和车速信号之间呈正相关关系。当汽车借助事件触发报文进行入侵异常检测时,需要先分析大量数据,并根据数据分析结果建立通信报文正/负相关入侵检测模型,以便及时找出报文关联方面的偏差,发现入侵行为并向用户报警。

入侵检测主要涉及通信标准检测、异常分析、防火墙访问控制等内容。就目前来看,汽车车载芯片的算力难以在最大限度上确保信息通信的实时性和安全性,汽车行业需要将入侵检测方法应用到汽车当中,并加强对汽车车载报文流量的监测,以便实时检测出各类入侵行为。具体来说,入侵检测流程如图5-7所示。

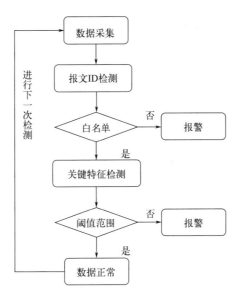

图 5-7　入侵检测流程

5.2.3 车内网络层安全

车内网络层的安全防护机制能够为各个功能域内部的信息通信提供安全保障。一般来说，汽车的各个功能域在通信要求方面存在一定的差异，需要使用不同的车载传输网络，现阶段，大多数功能域所使用的传输网络为 CAN 总线。CAN 总线均采用非破坏性的仲裁方式和广播式的消息传播模式，安全防护水平较低，需要借助通信安全协议来提高信息通信的安全性。

从设计上来看，通信安全协议主要包含 ECU 节点校验和传输数据信息加密两项内容。从汽车行驶阶段来看，在汽车行驶之前，域控制器会为所有的 ECU 进行随机的身份分配，各个 ECU 需要通过向域控制器发送认证请求的方式来认证自身身份，确保自身节点可合法访问；在汽车行驶过程中，车载网络需要利用高级加密标准（advanced encryption standard，AES）进行加密通信，防止攻击者在信息通信过程中窃取或篡改各项数据信息。

具体来说，ECU 身份认证流程和 CAN 通信加密报文格式分别如图 5-8、图 5-9 所示。

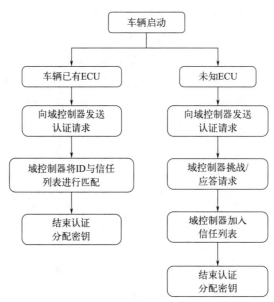

图 5-8　ECU 身份认证流程

图 5-9　CAN 通信加密报文格式

AES 对称加密算法具有计算量小、计算速度快等特点，能够在汽车大数据通信方面发挥重要作用。一般来说，数据信息的发送方为加密方，接收方为解密方，加密方和解密方都需要掌握密钥，并借助该密钥来加密或解密数据信息。为了在最大限度上保证汽车数据的安全性和实时性，智能网联汽车需要将完成校验的 ECU ID 和数据作为参考，并据此发送和接收 ECU，设计用于数据加密的独立密钥，同时检测汽车实时性，并在此基础上对密钥进行优化调整。

5.2.4 汽车 ECU 层安全

从 ECU 层面上来看，安全防护主要指固件防护，在 ECU 层面提高智能网联汽车的信息安全水平需要防止出现固件刷写、外界访问和恶意更改等网络信息安全问题。为了有效控制车辆在安全防护方面的成本支出，汽车行业的相关安全人员需要从 ECU 的功能出发，设置相应等级的安全防护措施。

硬件安全模块是一种可以保障信息安全的密钥，既能够保护和管理强认证系统，也能够执行相关密码学操作。从实际应用上来看，轻量级硬件安全模块主要用于车身域 ECU 中；中量级硬件安全模块主要用于动力域 ECU、信息娱乐域 ECU 和辅助驾驶域 ECU 中；重量级硬件安全模块主要用于车身域控制器、动力域控制器、信息娱乐域控制器和辅助驾驶域控制器中。

5.3 CAN 总线渗透测试

5.3.1 CAN 安全威胁属性

CAN（controller area network，控制器局域网）是博世公司开发出的一种用于实时应用的串行通信协议，目前已经成为一项国际标准（ISO 11898），并被广泛应用到汽车通信领域。汽车 CAN 总线示意图如图 5-10 所示。

为了提高汽车的安全性、便捷性和舒适性，降低能耗和成本，汽车行业陆续开发出了多种电子控制系统。一般来说，各个电子控制系统在进行信息通信时的要求各不相同，在所用数据类型和可靠性要求等多个方面均存在一定差异，且系统间通信通常需要用到多条总线和大量线束。

1986 年，博世公司开发出了 CAN 通信协议，并借助 CAN 总线来满足系统间的通信需求，同时也减少了系统间通信所用线束的数量。现阶段，CAN 通信协议已经通过了 ISO 11898 和 ISO 11519 两项国际标准，并成为全球范围内应用最广泛的现场总线之一。

CAN 网络具有一定的开放性，既能借助车载自诊断系统（on-board diagnostics，

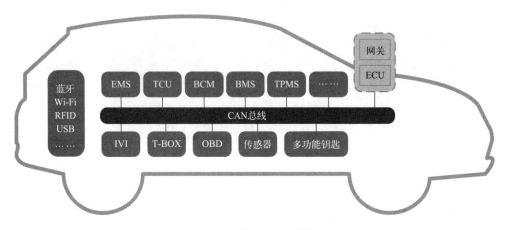

图 5-10　汽车 CAN 总线

OBD）的诊断接口直接与 CAN 总线相连，也能借助云服务器、智能手机和车载 T-BOX 等设备和元件间接接入 CAN 总线，部分非法入侵者可能会通过这些接口和设备进入 CAN 总线，导致出现信息泄露、数据篡改等信息安全问题。

具体来说，汽车行业可以借助威胁分析和风险评估（threat analysis and risk assessment，TARA）的方法来分析 CAN 网络特性，并对 CAN 网络的安全威胁属性进行总结。

（1）机密性

CAN 总线通常采用全局广播的方式进行信息通信，且各项数据均以明文的形式进行传输，缺乏保护措施，非法入侵者可以通过 CAN 总线中的任意一个节点来访问各项数据信息，导致汽车的信息安全受到严重威胁。

（2）可用性

在 CAN 总线当中，各条报文消息会按照优先级顺序依次发出，也就是说，高优先级的报文消息会先行发出，非法入侵者在掌握这一规律后，可以在 CAN 总线的其中一个节点高频发送高优先级的报文，从而对正常的信息通信造成干扰，导致其他节点难以发出报文，各个电子控制单元也无法正常运行。

（3）真实性

CAN 总线中的各个节点无法根据 CAN 报文数据判断出报文消息的来源，当非法入侵者借助 CAN 总线发送恶意消息时，CAN 总线中的节点可能会误将其当作来源于合法节点的消息，进而影响汽车的信息安全。

（4）完整性

CAN 协议可以通过循环冗余校验（cyclic redundancy check，CRC）的方式来验证消息传输过程的完整程度，但并未实现对数据篡改问题的有效防范，部分非法入侵者可能会对数据进行篡改，并重新上传经过篡改的错误数据，进而威胁到整个车辆的安全。

5.3.2　CAN 渗透测试方法

渗透测试是一种安全测试与评估手段,能够通过对非法入侵者的技术和方法的模仿来获取访问控制权,并检测出 CAN 中存在的漏洞,找出目标系统中的安全隐患,以便据此制定相应的渗透测试报告,进一步加强对目标系统的维护,防止出现信息安全问题。

具体来说,渗透测试主要借助以下几种方式来实现对目标系统的维护。

（1）模糊入侵

模糊入侵就是在不了解入侵对象的情况下,生成并向目标总线发送随机、无效、非预期的符合 CAN 报文格式的数据信息,促使目标总线出现非预期行为,从而找出系统中的潜在漏洞,达到渗透测试的效果。

一般来说,当测试对象未进行报文数据完整性校验时,可能会出现非预期行为。此时,系统可以从协议层、系统信号层和原始报文层 3 个层面对测试对象进行模糊入侵,并找出测试目标中存在的安全漏洞,具体来说,在进行汽车 CAN 总线渗透测试的过程中,系统可以采用随机模糊、遍历模糊、自定义模糊策略等多种模糊入侵方式。

（2）重放入侵

重放入侵就是在不了解入侵对象的情况下,通过 CAN 总线的全局广播来获取各项报文信息,并恶意向目标总线发送有效报文,控制目标系统再次作出报文中的行为,实现对系统的入侵,从而检测出目标系统中存在的漏洞。

一般来说,当测试对象并未完成关于数据来源的真实性校验时,系统将会恶意重放报文,通过重放入侵的方式完成汽车 CAN 总线渗透测试,找出测试对象存在的安全漏洞,以便采取相应的安全防护措施。

（3）DoS 入侵

DoS（denial of service,拒绝服务）入侵就是在遵循报文优先级的前提下,通过频繁向目标总线发送高优先级报文的方式来侵占目标总线资源,加重目标总线的负载,并对与 CAN 总线相连的服务进行干扰,限制正常报文的传输。系统可以通过 DoS 入侵的方式找出目标系统中的安全漏洞,以便及时进行处理。

一般来说,当 CAN 报文的 ID 位较小时,其优先级较高;当 CAN 报文的 ID 一致时,数据帧具有高于遥控帧的优先级,标准帧具有高于拓展帧的优先级,系统在向目标系统发送 CAN 报文进行 DoS 入侵时,需要遵照这一优先级顺序。当测试对象并未进行可用性保护时,系统将会对其发起 DoS 入侵,并借助这种方式来完成汽车 CAN 总线渗透测试,以便提高测试对象的安全防护水平。

（4）UDS 探测

UDS（unified diagnostic services,统一的诊断服务）探测相当于汽车 CAN 总线渗透测试的准备工作,不具备入侵作用。UDS 诊断协议是一种用于汽车领域的诊断通信协议，UDS 报文通常只在用户需要对 ECU 请求服务时出现，具体来说，UDS 报文的传输可以看作一种问答式的通信方式，当 CAN 总线接收到 UDS 报文时，ECU 会根据实际情况以正响应或负响应的方式对该 UDS 报文进行回应。

用户可以借助 UDS 探测来获取信息，如汽车支持的服务类型、用户的私密信息、厂商的私密信息等，也可以在此基础上对汽车 CAN 总线进行渗透测试，如模糊入侵、重放入侵等。不仅如此，在 CAN 总线的支持下，汽车还可以向用户提供诊断会话控制服务、通过 ID 读数据服务、暴力破解安全进入服务等多种服务，帮助用户掌握更多私密信息。

就目前来看，CAN 总线已广泛应用到汽车通信领域，为了保证汽车通信的安全性，汽车行业需要加强对汽车 CAN 总线的渗透测试，找出汽车 CAN 总线网络中存在的漏洞，并及时采取相应的措施来加强安全防范。

5.3.3 CAN-IDS 入侵检测

作为世界上应用最为广泛的现场总线之一，CAN 总线能够应用于汽车不同元件之间的通信。其在汽车领域的应用，有效提升了车辆的网联化、智能化水平。但随着新兴技术的快速发展以及用户需求的不断提高，车辆所搭载的传感器、电子设备等愈来愈多元化，加之 ADAS 系统的市场普及率也在逐步上升，因此 CAN 总线可能无法满足车辆未来的通信需求。在传输速率以及带宽等方面更具有优势的以太网的价值逐渐得到凸显，其应用于汽车通信系统已经成为必然趋势。

网络入侵检测系统（network intrusion detection system，N-IDS）是一种基于网络连接的安全工具，由传感器、IDS 管理器和数据库三部分组成，通常部署在网络的边缘。其功能是对所接入网络的网络流量进行实时监控，寻找已知的恶意活动、可疑活动或违反安全策略的行为，当发现异常流量和网络入侵后及时发出警报，避免计算机、网络或应用程序遭到不良影响。根据网络载体进行划分，可将其分为基于 CAN 总线的 CAN-IDS 和基于以太网的 Ethernet-IDS 两类。

CAN-IDS 对其所采集到的 CAN 流量的检测方式包括 DBC 检测（对报文字段进行检测）、场景规则检测和网络检测，主要是将被检测流量与既定规则库内所定义的参数进行匹配和对比，如果出现不符的情况，即可确定为异常流量或入侵行为。

（1）DBC 检测

DBC（database CAN）所代表的是 CAN 的数据库文件，其中定义了 CAN 的网络 CAN ID、DLC、周期报文的周期、信号起始位、信号长度、最大值、保留位等通信信息，一般由汽车制造厂的研发人员在汽车出厂前完成定义。而 DBC 检测就是根据 DBC 文件制定的规则库对单帧报文进行检测。

一般情况下，当车载网络遭受入侵（注入入侵、重放入侵、模糊入侵等）时，其实时网络通信信息会与 DBC 文件中的信息产生差异，当被采集到的报文与 DBC

文件进行对比时，与定义不符的部分就会被作为入侵或异常报文检测出来。

DBC 检测的整体流程如图 5-11 所示。

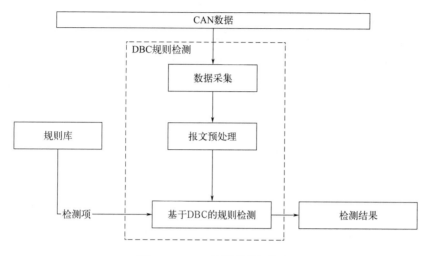

图 5-11　DBC 检测系统架构图

在基于 DBC 的报文检测的准备阶段，系统会先加载出内置的 DBC 规则库。随后检测开始，CAN 总线流量被收集后接受预处理，规则库中与被选中报文字段相匹配的规则被调用，并与被选中报文字段进行对比分析，完成后输出检测结果。

（2）场景规则检测

USD 诊断服务指在进行通信检测时，需要由诊断仪发送请求，ECU 接收请求后进行处理，并向诊断仪发送反馈（正响应或负响应）。因此，在对网络进行测试时可以采用 USD 探测，即基于诊断仪与 ECU 之间的问答式通信，在 CAN 总线上进行基于 ID 读数据服务的安全进入服务暴力破解、隐私信息盗取等行为，对入侵行为进行模拟。进行检测时，系统分别对同一场景参数进行预设，包括正常场景（报文序列关系、信号关系）和入侵场景（USD 探测）。在检测中，如果出现 UDS 拒绝服务、UDS 探测、UDS 非法请求、非法获取权限、数据安全等情况时，则 ECU 所发出的 Negative Response Code（否定响应码）会及时发出警告。

（3）网络检测

网络负载率指的是 CAN 总线实际传输率与理论传输率的比值，描述的是时间维度（通常是每秒内）上资源被使用的情况。在信息论中，信息熵常用来对系统的不确定性进行衡量，若一件事情的确定性较高，则其事件本身所包含的大部分信息都是固定的，对原有事件进行解析时，其包含的可能性与信息量较少，因而信息熵也更小。

在正常的工作情况下，CAN 总线网络上的信号发送呈现出一定的周期性，网络负载率与信息熵都稳定在较低的数值范围内。但当车辆遭受网络入侵，如泛洪入侵、注入入侵时，网络负载率和信息熵可能会突然升高，偏离正常数值。因而，对

CAN 总线上的网络负载率与信息熵进行监测，可以有效地对一些异常行为进行识别，这就是网络检测。

网络检测是对整个车载网络上的负载率和信息熵进行检测，其检测的原理主要是将检测时段的网络负载率和信息熵的数值与汽车正常工况下的标准数值进行对比。首先要选择合适的时间窗口对正常情况下汽车的网络负载率和信息熵进行计算，以确保得到的信息准确、具有可参照性。将计算出的正常阈值在规则库中进行预设，在检测阶段，对车辆实际运行中的网络负载率和信息熵进行计算，若计算出的实际值高于预设值，则说明网络存在异常流量或遭到了入侵。

5.3.4　CAN 网络入侵案例

2015 年 7 月，一辆正在行驶的 JEEP 自由光 SUV 遭到了来自美国的两名白帽黑客 Chris Valasek 和 Charlie Miller 的入侵。该车辆的 CAN 总线系统被入侵后，黑客夺取了车辆的操控权，向发动机、变速箱、制动和转向等系统下达错误指令，车辆最终在行驶过程中翻车。同年 8 月份，在全球最大的黑客大会 DEF CON 上，此次入侵的细节由黑客本人进行披露。随后被入侵车辆的生产厂家克莱斯勒公司对存在相似安全隐患的 140 万辆车进行召回，这是由于信息安全问题而对汽车进行召回的首例事件。

（1）入侵对象

之所以选择 2014 款 Jeep Cherokee 作为入侵对象，主要是因为：在被列入目标的车型当中，该款车型的电子电气架构（EEA）相对简单，因此入侵难度和所需的成本均相对较低。2014 Jeep Cherokee 车内架构如图 5-12 所示。

如图 5-12 所示，2014 款 Jeep Cherokee 的车内架构复杂程度很低，且最重要的是无线电系统直接连接车内的 CAN-C 和 CAN IHS 两个总线，其中 CAN-C 与车内负责发动机和变速箱换挡控制、ABS 制动、换挡手刹等的子系统直连。要想远程获取车辆的控制权，只需花极低的成本对车辆的无线电系统进行侵入，随后便可以水到渠成地完成对汽车其他系统的入侵。

（2）入侵步骤解析

具体的入侵步骤如表 5-3 所示。

表5-3　CAN网络入侵步骤

序号	CAN 网络入侵步骤
1	连接汽车通信模组并控制联网模块。与汽车的连接借助3G伪基站实现，随后由通信端口上开放的后门侵入联网模块，夺取最高控制权
2	完全控制车内CAN总线。以联网模块为媒介，向CAN控制芯片刷入篡改过的程序以控制CAN总线
3	发送控制指令，实现对车辆的非法操控。该过程由CAN控制器完成，控制指令被发送给车内的其他控制器

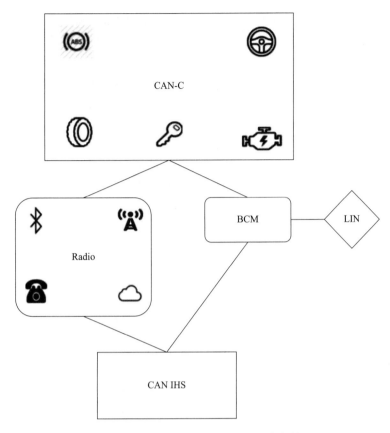

图 5-12　2014 款 Jeep Cherokee 车内架构

① 伪基站连接。基于车联网系统的设置，手机 App 能够与车载 T-BOX 建立通信连接，从而在手机 App 中实时显示车辆的相关信息或实现对车辆的控制。该事件中被入侵车型使用的运营商为 Sprint，因此黑客利用伪基站便可以接入 Sprint 的网络，进而连接车载 T-BOX，实现对车辆的远程控制。

② 网关越狱。研究者通过实验对车机 Uconnect 系统的控制入侵进行了研究。在完成了车机 Uconnect 系统的端口扫描后，研究者发现 D-Bus 服务和瑞萨 V850ES/FJ3 芯片是实现对车机 Uconnect 系统入侵的关键。其中，D-Bus 服务存在的风险可能会导致恶意代码注入、系统功能被滥用乃至内存遭受损害，这使无身份验证的用户能控制 Uconnect 系统。

但是 Uconnect 系统与车内的 CAN 总线并没有直接连接，而是通过 V850ES/FJ3 芯片处理进行连接。V850ES/FJ3 芯片处理需要由车机系统进行固件刷新，而该系统的控制权早已在前面的步骤中被获取，因而只需要使用被修改的固件对 V850ES/FJ3 进行刷新，就能够对瑞萨 V850ES/FJ3 芯片内的操作系统进行破解，实现越狱。

③ 非法控制。SPI 总线是连接车机芯片和 CAN 控制器 V850ES/FJ3 的重要线

路,而 CAN 作为一种总线型协议,内部没有原始地址的信息,因而接收 ECU 无法对其所接收到的数据进行判别,这就为黑客伪造、篡改 CAN 总线报文提供了方便。他们在对 V850ES/FJ3 芯片上的固件进行修改后,借助 SPI,从被控制的车机芯片上向其发送信息,这些信息可以是为了进行入侵而编写的虚假指令。因而,只要对 JEEP 车内的 CAN 通信协议进行逆向,就能够伪造 CAN 总线报文,进而控制 CAN-C 总线系统。

5.4 DoIP 协议网络安全风险

5.4.1 DoIP 协议的工作原理

由于不断有新的技术成果被应用到汽车生产中,汽车行业对各种智能设备、系统的依赖程度越来越高,车辆上用于操控智能系统的 ECU 也随之不断增多。如此繁多的数字系统,在实际使用中会经常发生故障,对智能汽车故障诊断与维修的要求也就越来越高。

诊断通信过程协议(diagnostic communication over internet protocol,DoIP)是汽车厂商与维修厂商远程协作维修车辆的一种数据传输手段,该协议能够让汽车厂商直接远程操控汽车 ECU,查找故障并辅助维修。该技术虽然为用户提供了相当多的便利,但由于存在数据传输行为,同样可以被黑客作为载体,对汽车网络实施攻击。

要研究针对 DoIP 的网络安全风险,首先要了解 DoIP 通信协议本身。DoIP 基于 IP 网络进行信息传输,由 ISO13400 系列标准定义,可以通过以太网进行远程通信,响应速度较快,且能满足大规模的数据传输需要,相比 CAN 总线诊断,DoIP 具有相当多的优势,因此逐渐成为汽车诊断的主流通信协议。DoIP 的数据传输能力是智能化汽车诊断的前提,确保了远程诊断工作的协调与同步,对汽车诊断意义重大。

通常情况下,维修人员需要在车辆端操控外部测试设备,测试设备作为通信节点,向车辆发出访问请求,若得到车辆响应,就表示可以开始进行远程诊断。随着 ICVs 的整车集成水平越来越高,测试设备也可能被安装在车辆内部,OTA 固件升级就是其应用之一。总之,无论是否安装在车辆上,测试设备的作用都是充当车辆网络架构的一个节点。在 DoIP 协议的系统架构中,不同种类节点有不同的功能,其具体分类如下。

- DoIP 实体:是实现协议的网络节点的统称,包括 DoIP 网关和 DoIP 节点。
- DoIP 网关:是网络节点的一种,能够实现 DoIP 协议,也能转发协议,因此能够访问汽车的控制单元。

- DoIP 节点：另一种 DoIP 实体，可以实现 DoIP 协议，但不能对协议进行转发。
- DoIP 边缘节点：连接用于激活远程诊断的激活线的节点。

DoIP 协议的创新之处在于通过以太网进行数据传输，完全更新了汽车诊断的信息传输方式，相较于 CAN 总线传输，不仅能让诊断过程中的信息传递更加可控、安全，还增添了许多实用的功能，让车辆诊断更加便捷。

（1）车辆发现

车辆发现是 DoIP 协议的重要内容，也是车辆诊断的前提。由专门的仪器向车辆内部广播信号，并等待控制单元的响应。通过寻找控制单元的信号并与之建立连接，测试设备可以明确哪些设备及系统在线，了解车辆各部分的具体情况，后续所有功能都建立在车辆发现的基础上。

（2）路由激活

路由激活并不是传统意义上的将协议转发到外部网络，而是在诊断仪与节点之间传输数据。当测试设备与诊断仪建立通信后，诊断仪会向外发送请求，请求经 DoIP 节点授权后，会传输给测试设备。同时，节点也会检验测试设备的身份，其算法是由车辆系统的开发者决定的，一定程度上能够提高诊断的安全性。

（3）诊断仪在线监测

诊断仪与控制单元以 Socket 为中介建立连接后才可以进行诊断。Socket 在传输数据时，会使用一个输入缓冲区和一个输出缓冲区，因此会占用一定的内存，并行连接数量不能太多。一般来说，在开发控制单元时，会设置并行连接数量上限。诊断仪在线监测就是为了检测有无失效连接占用内存而设计的，由网络节点通过 Socket 连接发送访问请求，如果诊断仪未响应，说明连接无效，节点会断开连接，直到与新的诊断仪建立连接。

（4）节点信息

节点信息包括节点可以并行连接的诊断仪数量、被诊断节点与诊断仪可以进行多长的报文传输、节点是否接入等。诊断仪会在开始诊断前检验节点信息，确保诊断过程中的连接畅通。

（5）诊断通信

诊断通信是 DoIP 支持的最重要的功能，诊断通信将报文发送到车辆外部，报文的内容有车辆端和接收端程序的虚拟地址、诊断过程中的数据等。在 DoIP 系统中，接收端程序的虚拟地址用于显示优先级和寻找传输地址，与 CAN ID 相似，都是报文的最重要标识。诊断通信的过程如图 5-13 所示。

以上几个功能各自发挥作用，共同提供远程诊断服务，由于数据传输的速率更高，响应更快，汽车诊断的速度也更快一些。DoIP 支持的完整通信流程如图 5-14 所示，诊断仪发送请求信号，其目的端口为 UDP_DISCOVERY；诊断仪发送 UDP 报文，目的端口为 UDP_TEST_EQUPMENT；诊断仪与 DoIP 节点进行 TCP 通信，

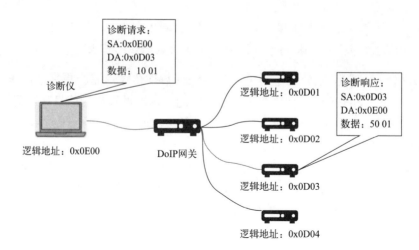

图 5-13　诊断通信的过程

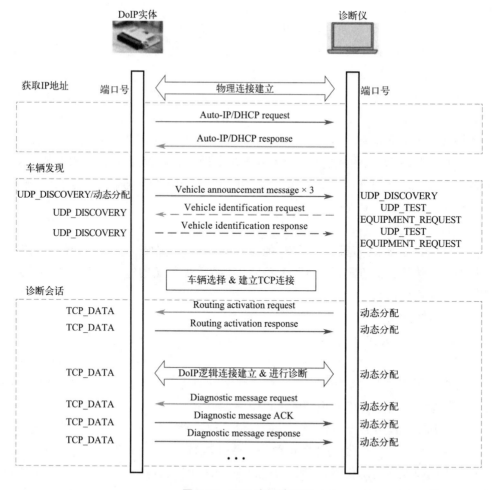

图 5-14　DoIP 会话流程图

使用的端口号为 TCP_DATA；此外，还有动态分配端口。

建立远程诊断会话需要几个步骤：

① 物理连接。指的是诊断仪必须与目标节点建立物理上的联系。

② IP 地址配置。分配 IP 地址，为诊断仪和车辆提供通信的桥梁。一般会通过 DHCP 配置 IP 地址，若 DHCP 未通过，则开始自动配置。在这个过程中，诊断仪充当 DHCP 的服务器，分配地址和子网掩码。

③ 车辆发现。车辆发现是诊断进行的重要前提，一般是由节点主动发送信号，若该信号未被接收，则由诊断仪发送请求，节点向诊断仪响应存在，只有诊断仪接收到了节点的响应，才能开始诊断过程。

④ TCP 连接。诊断仪收到响应后，会向节点发起 TCP 同步请求，与之通过 Socket 连接。

⑤ 路由激活。节点与诊断仪建立连接后，诊断仪会发送路由激活请求，节点接收后会回复路由激活响应，从而建立起 DoIP 连接。

⑥ 诊断服务传输。建立 DoIP 连接后，就可以将诊断服务转发给外部网络。具体是由诊断仪向节点发送诊断信息请求，节点接收请求后进行响应。这一过程会显示消息确认状态，包括诊断消息正响应和诊断消息负响应。

5.4.2 DoIP 协议风险与防御

DoIP 频繁地发送信号，为网络安全入侵提供了不少机会。借助 DoIP 通信过程，黑客可使用中间人入侵、拒绝服务入侵、数据篡改等方法入侵车辆网络，威胁人身与财产安全，并泄露车主的隐私。

（1）中间人入侵与防御

中间人入侵是通过侵入车辆网络中信息传输的某一个节点，获取 DoIP 的通信内容，然后伪装为合法的通信内容，绕过车辆的身份认证。黑客可以随意查看、篡改通信内容，如查看车辆的 IP 地址、用户的个人信息、车辆的基本数据，并将其传播出去；篡改诊断仪发送的数据，影响维修人员的判断，最终使维修人员采取错误的维修方式；甚至可以直接控制维修设备，留下安全隐患。

在这个过程中，通信双方完全不知情，对可能存在的危险没有预警，所以中间人入侵的危害极大，需要采取表 5-4 所示的方法，预防中间人入侵造成的损失。

表5-4 针对中间人入侵的防御方法

防御方法	具体内容
数据加密	通过对数据进行加密处理保证 DoIP 通信的安全性，让远端接收的数据更完整
身份验证	在数据传输的端口加入身份认证机制，通过数字证书和身份验证来确保双方的身份可靠
网络监控	通过对传输过程进行监控，锁定可疑行为，时刻检测接收到的数据是否存在中间人入侵的特征

（2）拒绝服务入侵与防御

拒绝服务入侵的原理是让系统的某个必要环节发生错误，从而导致服务自动终止。在 DoIP 通信中，黑客会通过向系统中输入错误信息或干扰 DoIP 对话的进行来试图中断 DoIP 会话。拒绝服务入侵可能会使车辆的诊断中断，甚至还会让系统发生严重故障，影响车主的安全。针对拒绝服务入侵，已发展出四种可行的解决方法，如表 5-5 所示。

表5-5　针对拒绝服务入侵的防御方法

防御方法	具体内容
流量过滤	通过过滤数据、应用防火墙技术，识别并拦截会话中不正常的数据
负载均衡	将流量分散开来，减轻某个节点的传输压力，避免留给黑客可乘之机
引入反向代理服务器	在会话中设置一个缓冲层，用于解决网络安全风险
容灾计划	构建容灾策略，让系统在被入侵后尽快恢复正常

（3）数据篡改与防御

数据篡改指的是在 DoIP 通信中修改部分信息，来达到误导诊断仪或工程师的效果，通常会导致维修人员的判断出错，不但解决不了车辆的问题，还会进一步影响车辆的性能，威胁车主的安全。

通过其他种类的入侵，获得会话中的部分数据之后，黑客就能够对 DoIP 通信的内容进行修改，加入新的信息或将原信息删除，如果通信过程中没有权限认证环节，就会导致篡改后的数据成为合法数据。根据错误的诊断结果进行维修，只会让车辆的安全状况越来越差，因此必须通过特定方法避免会话数据被入侵者修改。具体如表 5-6 所示。

表5-6　针对数据篡改的防御方法

防御方法	具体内容
数据完整性验证	对数据进行检验，检查是否存在修改的痕迹
加密数据传输	对数据进行加密，让黑客无法顺利地篡改数据
数字签名	通过数字签名，可以让接收端明确数据的来源，识别非法身份
访问控制	限制车辆外部的访问，保证只有被授权的地址才能对数据进行处理

第 6 章
网络安全风险与防御

6.1 汽车网络安全概述

6.1.1 网络安全证书管理系统

智能网联汽车的网络安全防御功能是针对车辆行驶中的所有环节而言的,信息通道、车载设备、道路设施、移动应用、智能系统等所有可能受到网络安全入侵的节点都处于这个技术框架内,如图 6-1 所示。

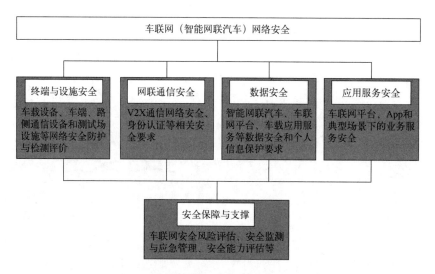

图 6-1 智能网联汽车网络安全技术架构

智能网联汽车的网络通信大多数都是在行驶状态下进行的,且很多环节都是以车辆为节点向外界广播,因此网络安全入侵的来源广、危害大,网络安全防御需要兼顾的问题比较多。如黑客篡改车辆通信数据导致车辆进程中止,或控制交通信号导致司机判断错误,引发交通事故。且车辆通信是有间断的,这就导致车辆无法全程监测入侵行为。

智能汽车网络安全防御手段主要是让车辆和服务器端同时认证对方的身份,使得非法信息不能随意进入车辆内部网络。同时,车辆网络还会对传输的数据包进行加密,寻找有无信息被篡改的痕迹,或车辆有无接收过相同的数据包,如果该数据包已经接收过,要识别是否是恶意入侵用来欺骗车辆网络的手段。以上手段和区块链技术、内生安全拟态防御等技术共同组成了智能网联汽车的网络安全防御技术体系。

智能网联汽车网络涉及许多复杂的通信技术,可用于实现车与万物的互联,在道路交通的各个环节实现高效的信息传输和共享。

（1）网络安全证书管理系统概念

安全证书管理是将数字身份权限发送给车辆终端、平台应用和道路设施等车辆通信会途经的环节，拥有身份认证的节点才可以参与信息的传输，如此，恶意入侵篡改、输入的数据将无法通过身份认证，其入侵数据将会被汽车网络拦截下来，安全证书的发放与车辆通信同步进行，这在一定程度上保证了车辆的网络安全。

（2）网络安全证书管理系统要素

安全证书管理系统不仅决定着车辆自身的网络安全能力，还关系到道路交通能否有序进行，因此其性能必须稳定，要适应复杂多变的工况，还要受到国家标准的统一管理。

网络安全服务器同时为许多车辆进行信息加密、身份认证，要做到传输安全与响应迅速，则对安全证书管理系统的稳定性要求较高。为此，车联网必须在物理架构上做出相应的设计，以满足稳定性要求。在系统的每个网络节点上，通过冗余设计建立双通道，如双网、双库或一网双平面等，保证信道的宽度能够应对各种高难度工况。

另外，安全证书的发放是在同一时间向许多个网络节点传递数字身份，因此，车联网还可以将网络流量尽量平均分配到每一个服务器上，释放单个服务器的负荷。同时，应设计一套服务器的故障排查流程，当服务器的性能出现问题，将其从安全证书发放的队列踢出，使用剩余的服务器，从而避免数字身份发送中断。最后，通过高可用设计，尽量降低系统完全不可用的概率，如将数据备份、时刻监测系统状态、灵活切换数据库等。

车联网的安全架构应该足够灵活，通过模块化的设计，使管理系统网络能够随意在共享云、个人云空间等环境中架设，根据需求调整架构内容，并在本地与云端之间实现安全防御的自由切换。根据不同地址的不同工作环境，每个安全证书管理系统的网络架构都应该有些许不同，以适配具体的工作环境，如与已有的身份认证系统协同工作。

系统可以不断升级，以满足不同阶段安全认证服务的要求，然后在未来车联网覆盖率越来越高的条件下，统一提高网络防御性能。具体是在不同级别的区域服务器中先后完成容量的扩展，部分示例区域先行试点升级，再推广到省级的服务平台中，这由汽车厂商的生产和销售计划决定。

此外，车联网的网络安全架构在交通运输中也发挥着作用，关系到道路交通安全，因此，车联网网络安全的基础设施架构应该有不断完善的国家标准，并严格围绕标准进行架构，用法律法规约束生产建设。

除了按照相关标准搭建基础设施外，还要以网络安全的三级保护制度为基础，以商用密码的安全评估为参照，严格开展基础设施建设，并实现分级备案。在搭建中，要注意充分保证网络架构的安全性，并不断让系统更加稳固。初始安全等级为三级或以上的系统设施，应该及时完成商用密码的应用安全性评估。

6.1.2 设备数据安全防御技术

针对智能网联汽车的安全入侵,往往会同时侵入汽车通信网络的多个节点,将车辆网络限制起来,然后多点同时发送大量恶意数据,这样的入侵规模往往会使车辆防御系统的响应迟滞,各部分之间无法有效协同,危害车主的隐私安全。一种大规模防御系统能够为智能网联汽车搭建起一个规范、系统的防御流程,将一切形式的网络入侵纳入这个防御流程中,分门别类地采取防御手段,对抗网络入侵的自主性、灵活性、可塑性都比较高。

该防御体系相比现有的车辆网络防御体系有一些比较重要的改进,如从侧重受到入侵后的案例分析变为以预先发现为主,防患于未然;同时,分析入侵数据的智能化程度也有提高;整个防御体系之间的协同合作联系较多,车辆网络不再是一个个孤立的节点,能够互相提供支持,拦截恶意入侵等。

智能网联汽车的各种系统、设备数量逐渐增加,使其工作时需要传输的数据量也大幅增加,而这个过程中的数据大多是即时且不成体系的,对这些信息进行传递的难度比较高,如何在实时传输的同时保证数据安全是一个需要思考的问题。

在移动设备、车载设备或路侧设施上使用区块链技术,并基于此技术建立车联网的数据搜索体系,可以加快信息处理、资源调用的速度。在车联网的数据索引体系内,车辆端数据的存储方法和检索方式都比较特别,可以打破传统的信息存储方式对调用速度的限制,实现信息的高效利用。

在并行投票共识(parallel proof of vote,PPoV)的基础上,建立轻量级的共识机制、应用轻量级的数据存储技术,并改善数据读取方法,能够缩小存储规模,更好地利用有限的空间。该方案在许多非金融领域都有比较良好的表现,并能够比较灵活地实现新存储的写入,且对各节点设置的污点的容忍度较高,因此,系统运行的延迟较短,成本较低。

一般车辆端、路侧设施端的权限规格是比较高的,从这些端口控制数据的流入,对数据进行筛选,能够减少服务器的负荷,提高各系统运行的速率。这个流程的示意如图6-2所示。

6.1.3 身份认证互信互认技术

由于公钥基础设施已经逐渐发展成熟,智能网联汽车的身份认证体系可以利用这项技术,进行身份认证的实践。在实践后建立数字证书的认证系统,从多个角度多次验证身份认证的机制是否能够生效,并对未来身份认证系统的发展作出规划。

(1)身份认证互信互认体系

公钥基础设施技术能够为汽车网络的各节点发放数字身份,让各节点和终端做

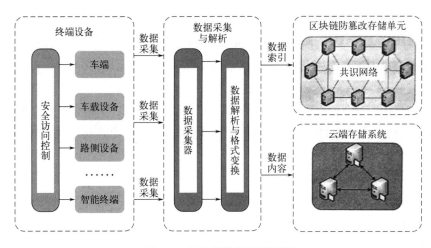

图 6-2 设备侧数据处理过程

到身份的互信互认、信息的层层筛选，有效避免恶意入侵者获得合法身份，从而进入汽车内部网络，提高车联网的网络安全程度。智能网联汽车还面临着一个问题，即在不同地理位置与行业领域，身份认证的规格可能都不同，导致信息无法跨领域共享，这就需要公钥基础设施发挥作用，实现不同地域与行业领域的身份认证。

公钥基础设施技术的应用形式会因地域和行业领域的不同而有一定的不同，每个基础服务平台的生效范围称为一个共享的认证域，这样的认证域有许多个，多个认证域之间的身份发放与识别也会有些许难度，在这种情况下，可以通过智能网联汽车的安全信任根管理平台生成可信根证书列表来建立可信关系，从而间接完成身份的发放。通过根证书建立互信互认体系的整个过程如图 6-3 所示。

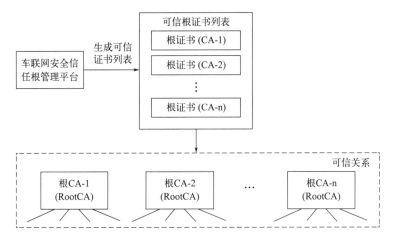

图 6-3 证书互信互认体系

(2)身份认证互信互认实践

工信部在 2021 年就开始进行车联网的身份认证试点工作,在部分服务区域中推行互信互认流程,从而建立数字身份的认证系统。这一举措通过统一的数字身份将车辆、道路设施、服务平台等终端联系在一起,纳入互信互认的信息传输体系中,再通过根管理技术的支持,进行互信互认系统的实践,进而实现跨地域、跨行业领域的身份互信。车联网信任根管理技术可以将系统使用的信任根上传到国家统一的服务平台上,由服务平台参照使用的信任根发放根证书和 CA 证书列表。在汽车端与设施端完成身份识别与检验时,属于不同认证域的设备使用根证书和 CA 证书进行数字身份的校验,完成身份互信互认过程。

(3)身份认证互信互认技术发展趋势

当前,车联网在车内系统应用和 V2I 方面,主要使用的是 X.509 和 V2X 数字证书的认证系统。其中,X.509 证书系统的服务对象主要是车辆的内网、用户的移动终端和汽车厂商的网络工具,为这些节点提供身份认证,让车内应用在本地与云端之间传输信息时能够实现身份的互认,确保信息的合法性。V2X 证书系统的作用则主要是在车辆与路侧设施进行信息传输时为双方提供注册证书、身份证书等服务器发放的身份证明,确保车辆与路侧设施通信的合法性,且不会泄露双方的地址与通信痕迹。

而在未来,车联网的应用将拓展到 V2V、V2I、V2N 等多个场景,并逐渐建立起一个万物互联的信息共享体系。在这个复杂的通信体系中,不同认证域将会发生频繁的信息交换,届时,如何实现高效的身份互信互认将会成为车联网技术发展的一大难题。由于 X.509 与 V2X 证书体系的算法和身份机制都完全一致,可以进行一些改进,将二者结合起来,完成 X.509 证书和 V2X 证书相结合的设计,并将设计内容实装。如在证书互信互认管理平台上将两种证书互通使用,从而赋予证书协同认证的能力,提高车联网各应用场景的一体化程度,以及跨地域、行业领域互信互认的效率。

6.1.4 网络安全量化风险管理

智能网联汽车上的各种接口会给非法接入提供机会,接口数量越多,受到入侵的手段越丰富、程度越深。而网络安全量化风险评估可以大致摸清潜在的风险规模,并预先给出防范建议,根据建议进行网络的增设可以有效规避各种入侵,装有相关系统的智能网联汽车相比之下更被汽车保险公司认可,可作为核保依据。

(1)智能网联汽车风险评估定级方法

智能网联汽车的风险评估定级基于将协同工作的各系统拆分的过程。一般来说,网络安全防御体系的各部分都是协同工作的,各系统集中发挥作用完成网络安全防御行为。而将这一体系拆分开来，可以单独评价某一方面的能力。负面评估主要包括综合负面影响评估和入侵可行性评估。

① 综合负面影响评估。通过综合负面影响评估可以模拟出车辆受到网络安全入侵且未进行有效防御，导致财产安全损失的数额。具体是进行财产识别，识别的内容包括各种模块、设备、信息、系统等。模拟出财产安全的量化规模，也能体现出本车建立网络安全防御体系的必要程度。

② 入侵可行性评估。在财产识别的基础上，模拟恶意入侵的载体和环节。通过分析外部入侵可能的来源，以及采用的方法，为网络安全防御设计提供范本。

其中，进行入侵路径分析是在明确了可能的入侵来源后，在具体的网络环境中分析每一项入侵的手段和可能导致丢失的财产。经过入侵路径分析以后，可以全面评估车辆的网络安全程度，并给出具体是哪些财产受入侵的风险更高，由此为网络防御体系的改善提供建议。

综合以上两个方面的评估结果，可以为单个智能网联汽车的网络安全风险评级。根据车辆的网络安全风险等级以及具体的分析报告，进行网络防御体系的更新，提高其对风险的应对能力。

根据已有的经验，风险处置要求与风险评估定级结果的映射如表6-1所示。

表6-1 风险处置要求与风险评估定级结果的映射

安全风险等级	处置要求	风险处置策略建议
5（非常严重）	必须有消减措施	规避风险、降低风险或共享/转移风险
4（严重）	必须有消减措施	规避风险、降低风险或共享/转移风险
3（中等）	必须有消减措施	规避风险、降低风险或共享/转移风险
2（较轻微）	可选不处理	接受/保留风险，或降低风险
1（轻微）	可选不处理	接受/保留风险，或降低风险

（2）网络安全量化风险管理流程

如图6-4所示，网络安全量化风险管理有一套完整的流程，可以完成风险的迭代评估，并在风险降低到一定标准后选择处置方式。迭代算法能够在每一次评价中越来越深入，直到完善每一个细节。

在风险评估流程中，首先要明确标准及沟通方式，即建立语境；其次进行的就是风险评估过程，识别潜在的风险并进行估算，识别潜在风险的影响，最后得到评估结果，给出评价；根据风险评估中的细节，在流程涉及的各系统之间进行沟通，决定该采取什么样的方式处置已有的风险。

风险处置的效果由风险评估的完成度决定，如果风险评估足够详细，就会让风险迅速降低至可接受的程度。如果风险处置的结果一般，就需要重启评估过程，重新处置，并如此重复，直到风险降低至可接受范围。

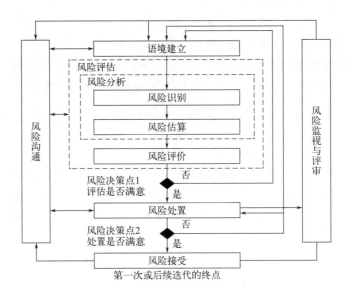

图 6-4　网络安全风险管理过程

在图 6-4 所示的流程中，最重要的就是如何将决策内容传递给车主、平台管理者等相关环节。而且，评估与处置时的关键节点也应该记录下来，供相关人员查阅，从而在发生其他故障或需要更改设置时，明确车辆网络安全防御系统的构造。

6.2　汽车网络安全风险

6.2.1　网络安全入侵案例

智能网联汽车上有几十甚至上百种传感器，以各种雷达、摄像头为主，它们可以为车辆提供行车环境与位置等信息。而各种传感器之间是通过无线移动网络或车载线束进行连接的，因此，在车载信息网络传输的帮助下，智能网联汽车可以将传感器探测到的各种信息结合起来，为自适应巡航提供参考。但另一方面，各种各样的传感器在信息网络中属于不同的节点，这些节点都可能被侵入，进而影响整车的网络系统，因此也留下了很多网络安全隐患。

近五年，因汽车网络安全入侵而造成的经济损失高达几千万美元，汽车网络安全早已成为全世界密切关注的问题，有专门的研究机构对汽车网络安全情况进行了统计。2022 年的全球汽车网络安全报告显示，在过去 12 年里，常见的汽车网络入侵类型主要有 11 种，且大部分都是为了获取非法利益，如 2021 年，黑帽黑客（Black Hat Hacker）入侵的比例是 56.9%，与白帽黑客（White Hat Hacker）

进入汽车网络排查漏洞的性质不同，黑帽黑客的入侵主要与利益相关，属于违法犯罪行为。

2004 年，人们就已经发现车载网络可以被侵入窃取、篡改信息，并展开了相关研究，但早期的车载网络安全入侵是以设备为载体的，且设备必须与车载网络接触后才能入侵。

2010 年，南卡罗来纳大学的研究人员找到了胎压监测系统的安全漏洞，理论上黑客可以以该系统为切入点，侵入整车的无线通信网络。

2013 年，两名白帽黑客以 OBD 接口为切入点，对丰田与福特汽车的车载网络进行了入侵，并取得了车辆的控制权。由于 OBD 接口时刻监测车辆其他部件如刹车、发动机、车门等的故障情况，因此与这些部件之间都建有通信，黑客可以轻松控制这些部件的行为，甚至还可以随意输入控制单元的信息。2015 年，他们又使用电脑远程侵入一辆高速行驶中的吉普车，夺得了车辆控制权并使其刹车，在全世界范围内引起了轩然大波。这个案例意味着当时的一些车辆没有任何授权设置，网络安全性极低，人们驾驶车辆时随时可能被人控制制动系统，毫无安全性可言。菲亚特克莱斯勒公司也因此召回了 140 万辆存在安全风险的汽车，这在世界范围内也是没有先例的。

2018 年，腾讯安全科恩实验室对宝马的 ECU 展开了研究，同样发现了许多安全隐患。存在隐患的包括多媒体系统、无线通信网络和汽车网关等，通过这些安全缺口，黑客可以取得车载线束的控制权，而车载线束又与各个系统相连接，通过改变线束传递的信息，就可以操纵整车的运行。

2021 年，卡内基梅隆大学的研究员发现单片机运行机制同样存在漏洞。黑客可以进行 CANnon 木马入侵，具体是利用 CAN 外设的时钟绕开 CAN 的通信协议，从而篡改控制单元的信息。这种网络入侵使得黑客不必输入完整的 CAN 兼容帧，而是以位级的精确度改变信号，十分灵活。研究员使用这种方法，在极短时间内便将两辆汽车关机。

6.2.2　网络安全入侵目标

智能网联汽车上的传感器种类十分丰富，且建立了复杂的通信网络进行信息共享。这些传感器处于一个稳定且彼此依赖的系统中，入侵任何一个传感器，使其无法工作，都会使其他传感器的功能受到影响。因此，在进行网络安全入侵时，只需要侵入其组件，或改变其通信内容，就可以打开缺口，控制整车系统，对车上乘员的人身或财产安全造成威胁。

具体来说，智能网联汽车的网络安全入侵目标主要体现在以下几个方面。

（1）车载诊断接口（OBD）

OBD 接口的功能是储存车辆运行的排放、功耗、速度、故障部位等信息，供维修时快速定位目标。最初的 OBD 只有名义上的标准，实际生产比较混乱，无法兼容使用；20 世纪 90 年代，OBD 接口出台了国际标准，从此实现了专门化生产。接入 OBD 接口可以接收到车内通信网络的实时数据，因此也被一些原始设备制造商用来实现 OTA 的固件升级。许多早期的网络入侵都是需要使用设备接入 OBD 接口中的，另外，OTA 固件升级也是黑客进行车载网络安全入侵的一大途径，因此 OBD 系统的安全压力较大，需要妥善保护。

（2）电子控制单元（ECU）

汽车的控制单元一般是嵌入式的，主要作用是控制车辆各个系统的工作，是任何汽车都必不可少的组成部分。攻击者可以侵入制动系统、动力系统的控制单元，以及胎压监测系统等。制动系统的控制单元需要轮速传感器的信息共享；动力系统的控制单元需要控制燃料供给、保证泵入空气、检测是否打出火花，这些过程也需要其他传感器配合；胎压监测系统获取轮胎传感器的实时信息。总之，传感器之间的通信网络十分复杂，只需要入侵一个节点就可以控制整台车辆，因此也存在相当高的安全风险。

（3）控制器局域网络（CAN）

车辆各个系统的控制单元一般通过 CAN 总线传输信息。CAN 总线是一根串联车辆各个设备的线束，各个系统以这根线束为主干进行信息共享。只要侵入了 CAN 总线，就能截取整车各个控制单元发出的数据，并进行篡改，自行输入数据。由于 CAN 总线只是信息传输载体，不含任何加密手段与身份认证措施，黑客不需要破解信息直接就能进行信息输入与读取，入侵成本极低。

（4）激光雷达（LiDAR）

激光雷达的工作方式是发射光波，根据反射光线的分布情况判断前方环境，获知目标物体的形状、距离、运动状态等信息。智能网联汽车的激光雷达主要是用于检测前方障碍物，如果黑客入侵控制了激光雷达，就会导致车辆对前方障碍物的判断不准确，造成驾驶员错误地操作，如制动不及时，或安全路况下突然制动，都会造成负面后果。

（5）毫米波雷达（Radar）

毫米波雷达发出毫米级波长的电磁波，同样通过接收反射信号来判断路况。毫米波雷达在智能网联汽车中的应用主要有盲区监测系统，如果毫米波雷达传感器遭到入侵，会导致车辆无法监测视野盲区，驾驶员误以为盲区内没有其他车辆，错误变道发生碰撞。此外，毫米波雷达还有其他会引起碰撞的安全隐患。

（6）全球定位系统（GPS）

GPS 是在卫星辅助下工作的，具体工作过程是接收三个以上卫星的信号，根据卫星与接收器的相对位置计算出自身的位置。GPS 系统是实现自动驾驶功能的基础，而自动驾驶过程中，驾驶员往往不会全神贯注，这导致当 GPS 系统遭到外部入侵失灵时，驾驶员可能无法及时发现，GPS 系统提供的信息紊乱，让自动驾驶中的车辆失控，发生碰撞。

（7）摄像头

自动驾驶汽车四周有很多摄像头，用来获取交通信息，如在自动驾驶状态经过路口时，可以根据摄像头显示的交通指示灯信号决定是否刹车。在有些车辆上，摄像头也作为激光雷达的平替，降低整车成本。但摄像头存在受天气影响较大的缺点，一般与各种雷达配合使用，一旦受到外部入侵，就会使几种传感器探测环境的综合效果变差。

（8）V2X通信（车联网）

通常会用到的V2X通信有车间通信（V2V）、人车互联（V2I）两种，前者是帮助车辆与其他车辆通信，实现协同驾驶；后者是帮助车辆与路面上的基础设施进行通信，完成自动泊车等功能。如果车联网被恶意入侵，就可能导致车辆之间共享的数据出错，会车时发生剐蹭行为；也可能导致车辆与智慧停车场中的设施断联，阻碍自动泊车等功能的实现。

6.2.3 网络安全入侵方式

根据距离、途径可以将网络安全入侵分为远程访问入侵和物理访问入侵。

（1）远程访问入侵

不需要和智能网联汽车建立物理联系，也不用改动任何部件的样式，直接对车载网络进行入侵。这种方法占网络安全入侵的大多数，且占比仍在提高。智能网联汽车与所处环境的交互是需要网络支持的，因此车辆上几乎所有系统、部件都可能被侵入、控制。远程访问入侵常见的方式有三种，分别是发送虚假数据、阻断传播进程、窃取机密数据，如表6-2所示。

表6-2 常见的远程访问入侵方式

远程访问入侵	具体内容
发送虚假数据	为了绕开检测机制操纵系统，通过输入细微的干扰传递错误的信息
阻断传播进程	让智能网联汽车接收不到需要的信息，从而中断工作
窃取机密数据	可以为更深入地入侵做铺垫

（2）物理访问入侵

需要和智能网联汽车建立物理联系，如插入设备输入干扰数据。由于需要进入车辆，且故障数据直接来源于具体的设备，因此物理访问入侵的条件更苛刻，也更容易被察觉。CAN总线和控制单元既可以被远程入侵，又可以被物理访问入侵。常见的物理访问入侵也有三种，分别是中断车辆操作、控制车辆网络和窃取车辆信息，如表6-3所示。

表6-3 常见的物理访问入侵方式

物理访问入侵	具体内容
中断车辆操作	入侵支持车辆通信的关键组件,使其失效,中断车辆进程,这一入侵方法的原理与CANnon入侵相似
控制车辆网络	获得智能网联汽车的控制权,从而随意控制车辆的行为,如转向、制动、加速等,威胁车内乘员的安全
窃取关键信息	目的与远程入侵相同,都是替进一步入侵打开局面

6.2.4 PKES系统安全风险

PKES(passive keyless entry and start,无钥匙进入和启动)系统可以让车主在不拿出车钥匙的情况下进入和启动车辆。这一系统为用户提供了便利,但是它的安全性是一个关键问题。

1990年,美国的多名研究人员申请了PKES系统的专利,这是最初的PKES设想。专利构想出了一种系统,在系统的作用下,车辆会在用户携带钥匙接近时自动解锁,并在用户远离时锁定。钥匙借助磁耦合的射频信号实现与车辆的通信,钥匙与车辆之间距离的确定要参考通信范围,即判断钥匙是否处于通信范围内。在整个过程中,用户不必做出主动行为,因此系统的名称中含有"被动"一词。

在PKES系统中,不同距离的通信要采用不同的方法。对于短距离通信,使用低频射频识别技术(low-frequency radio-frequency identification,LF RFID)。在不同的模式下,对短距离有着不同的界定,在主动模式和被动模式下,短距离分别为1~2m和几厘米。对于10~100m的较长距离通信,使用全功能超高频(Ultra High Frequency,UHF)收发器。LF信道的作用是对钥匙的位置作出检测,判断其处于哪个区域。

当与汽车外部距离较远时,这一距离一般在100m,汽车的开启和关闭只能通过按钥匙按钮来完成;距车门把手1~2m为汽车外部的范围,在这一范围内可以用把手来开启或关闭汽车;进入汽车后可以在汽车内部启动发动机。

信标可以由LF信道定期发送,也可以在操作车门把手时发送。信标主要分为两种,一种是较为简短的唤醒消息,还有一种是较长的挑战消息,后一种带有汽车标识。钥匙对LF信道发送的信号进行解调,这要借助微控制器,随后通过UHF信号将针对挑战的响应发送给汽车。如果汽车验证响应为有效,则解锁车门。车门打开后,钥匙必须位于汽车内部才能启动发动机,钥匙通过在车内回复消息将自己正处于车内的信息传递给汽车,从而启动发动机。

(1)PKES系统安全研究

2018年,比利时鲁汶大学的安全团队指出特斯拉的PKES系统存在漏洞,漏洞编号为CVE-2018-16806。他们找到了DST加密算法的缺陷并将其破解,在短短数秒内复制得到了特斯拉 Model S 的车钥匙，并将车辆成功盗走。

此事发生后特斯拉对漏洞进行了修复，然而事情并没有到此结束。在 2019 年于亚特兰大举行的 Cryptographic Hardware and Embedded Systems conference（CHES），即加密硬件和嵌入式系统会议上，该团队表示他们还是能完成算法的破解和车钥匙的复制，只不过需要距离车辆更近，同时花费更多的时间。该团队与特斯拉 Model S 之间发生的故事使人们开始关注 PKES 系统的安全性问题。

（2）PKES 系统入侵案例

2019 年，英国博勒姆伍德地区，两名没有车钥匙的小偷借助中继设备盗走了一辆特斯拉 Model S，全程用时不过 30 秒。在整个无钥匙车辆偷窃的过程中，偷窃者需要完成以下几个关键步骤：

• 第 1 步：利用中继信号寻找并靠近车辆钥匙信号；
• 第 2 步：识别钥匙与车辆间的通信信号并对信号进行放大；
• 第 3 步：用中继 LF 信号误导车辆，向车辆传递钥匙在附近的错误信息，这样就可以打开车门并启动车辆。

这次盗窃事件的工具、方法和过程都非常简单，也不需要太多的专业知识。在进行中继入侵时，盗窃者使用的仅仅是价格不高的便携式入侵工具。中继设备只采集而不篡改车钥匙信号，入侵过程并不包括钥匙和车辆认证算法的破解，以及通信协议的破坏。

2020 年，有黑客开发出了一种被称作"中继入侵（relay attack）"的克隆密钥，并将其用在了特斯拉的 Model X 车型上。随后，"中继入侵"成了盗窃特斯拉汽车的利器，借助"中继入侵"可以解锁并启动车辆，许多辆特斯拉汽车因此被盗，被盗车型包括特斯拉 Model 3 和 Model Y 等，大多数没能成功找回，并且盗窃行为多发生在欧洲而非北美。面对新的入侵，特斯拉准备实行新的修复工作。

（3）PKES 中继入侵分析

前面的案例中提到了中继入侵这种入侵手段多用于对通信系统进行渗透入侵。中继入侵分为电缆中继入侵和空中中继入侵两种方式。

① 电缆中继入侵。电缆中继入侵即基于电缆这一中继设备的入侵，电缆有两个连接在一起的环形天线，在天线之间进行 LF 信号的中继。环形天线在车门把手附近时会收集汽车的信标信号，以此作为局部磁场。第一个天线受到局部磁场的激发产生感应，在天线上输出交替信号，此信号借助同轴电缆传到达第二个天线。

如果天线质量不佳、电缆长度过长、信号的强度不够或是中继天线距汽车天线过远，则天线之间的信号传输就需要用到一个放大器，以获得更大的信号功率，取得更好的传输效果。中继信号到达第二个天线后会产生电流，从而在周围形成磁场。第二个天线上的磁场会激发钥匙天线，钥匙天线对信号进行解调，得到原始消息。随后汽车分别通过外部天线和内部天线将开启和启动命令发送给钥匙。

入侵者采用电缆中继入侵，需把中继天线带到车门把手附近，通过钥匙发送的开启信号打开车门，携带中继天线进入汽车。在车内进行踩制动踏板或按启动发动机按钮的动作，则钥匙会收到由汽车发来的启动消息，并通过 UHF 对消息做出回应，启动汽车发动机。

② 空中中继入侵。如果有墙壁或门，则电缆中继入侵就不太好展开，另外这种入侵方式很容易被注意到，从而受到怀疑。空中中继入侵可以弥补电缆中继入侵的缺陷。这种入侵通过空中的物理层来进行，专门创建一个包括发射机和接收机的 RF 链路，用于 LF 信号的中继。

发射机负责捕获 LF 信号，将信号的频率提高到 2.5GHz 并放大，采用空气传输的方式把信号传递给接收器，接收器再将信号降频以获得原始 LF 信号。信号由接收器进行再一次的放大，随后到达 LF 天线。接收到 LF 信号后，LF 天线对汽车发射的信号进行复制。在空中中继入侵中，打开车门和启动发动机的过程是与电缆中继入侵相同的。

此外，在信号处理方式的选择上，模拟处理相比数字处理更加迅速高效，传输和接收的中继距离更长，同时模拟处理还能做到将功耗和成本维持在相当低的水平，对于攻击者来说是最佳选择。

6.3　汽车网络安全运营

6.3.1　车辆安全运营中心

随着汽车制造技术的不断升级与车辆智能化程度的不断提高，汽车行业内的新技术与新变革正加速落地。以智能化和互联技术为支撑，大量传感器和电子系统的配备赋予了车辆"感官"与"神经"，让车辆能够实现对周围环境的感知并跨越时空限制进行联网操作。但与此同时，汽车网联化也是一把"双刃剑"，其在提高了车辆智能化水平的同时，也降低了黑客对车辆进行入侵的难度，甚至让黑客有可能对车辆进行远程批量入侵，使得车辆信息系统面临的威胁进一步增加。

为了应对智能网联汽车可能存在的信息安全风险，在政策层面，包括我国在内的多个国家都对智能网联汽车的网络安全要求进行了规范，并制定了一系列法律法规；在技术层面，能够监控车辆状态和保障车辆安全的车辆安全运营中心也受到了广泛关注。

车辆安全运营中心（vehicle security operation center，VSOC）是当前智能网联汽车所配置的一种网络安全管理系统。作为一个综合性的运营中心，其主要任务是通过对车辆进行监管，对安全事件进行预防和快速响应来保证车辆和乘客的安全。通过连续监测、调查和分析的算法程序和安全解决方案，车辆运营中心能够实现对车辆的实时监控、对威胁和安全漏洞的检测识别以及对网络入侵的预防和追踪，让车辆在其生命周期内能够得到安全管理和使用。安全运营中心的存在，让智能网联汽车生产服务链上的利益相关者因汽车安全性问题利益受损的概率降低，同时也为汽车使用者提供了安全保障。

《网络安全与网络安全管理系统》（*Cyber Security and Cyber Security Management*，CSMS）又被称为 R155 法规，由联合国欧洲经济委员会（United Nations Economic Commission for Europe）制定，2021 年 1 月 22 日正式生效。该法规主要从汽车技术层面对车辆所配备的网络和电子系统的安全性进行规定，避免因安全漏洞而招致网络入侵和其他威胁，从而威胁车辆和乘客的安全。此外，该法规对车辆的监控和安全事件的应对问题进行了规定，明确原始设备制造商（original equipment manufacturer，OEM）应对车辆进行持续的网络安全监控，并在合理时间内对发生的安全事件进行应对。

《道路车辆-信息安全工程》（*Road Vehicles-Cybersecurity Engineering*），又称 ISO 21434，由国际标准化组织（ISO）提出，2021 年 8 月 31 日正式生效。该标准主要从汽车运营管理角度制定，面向汽车制造与服务链条上的制造商、供应商以及其他利益相关者，明确要对车辆的安全隐私进行保护，对车辆信息安全管理进行标准化建设，制定出统一的管理方法和流程。

总而言之，R155 和 ISO 21434 虽然在内容上侧重不同，但它们都是在车辆系统和信息安全性日益受到各方关注的背景下应运而生的，智能化汽车时代，信息安全风险不断增加，有效预防和应对这些风险，确保车辆和人员的安全，是这两项法规制定的共同出发点。这两项法规让车辆安全运营中心在对车辆进行安全管理与运维时有据可依，使其能够建立高效、可行的安全管理措施和应对流程。

6.3.2　IDPS-VSOC 工作流程

一般情况下，为了让车辆能够更好地对潜在的威胁进行识别检测，保证车辆的安全运行，云端车辆运营管理中心会与车端入侵检测系统（intrusion detection and prevention system，IDPS）联合工作。IDPS-VSOC 安全运营基本流程如图 6-5 所示。

图 6-5　IDPS-VSOC 安全运营基本流程

① 监测和数据采集。在 IDPS-VSOC 安全运营的流程中，车端入侵检测系统会实时对车辆的相关运行状态进行监测，采集与车辆网络安全相关的各项信息，比如各类传感器、操作系统以及通信系统中的日志、数据流量等。

② 威胁检测和分析。当被采集到的信息被传输至特定位置后，这些信息会接受相应的检测，检测规则库中的规则负责为入侵异常检测提供有效支撑，帮助判断其是否属于安全威胁；若属于，则系统会立马向 IDPS 事件管理模块上报入侵事件。

③ 威胁响应和阻断。IDPS 事件管理器接收到来自检测模块的异常信息报告后，会立马进行响应，对系统进行保护；同时生成相应的报警日志和响应措施，其中报警日志会被上传至云端，传送给安全运维中心以便对车辆安全状态做更好的管理。此外，程序还会采取发出警报、切断网络等措施对危机进行响应。

④ 安全事件处理和分析。车端入侵检测系统会将生成的安全事件和警报信息发送至车辆安全运营中心，由车辆安全运营中心对其进行识别分析、归类和按照重要层级进行排序等处理，并结合实际情况进行进一步的调查和响应。这些措施包括：及时发送警示信息，对运维人员进行提醒；向车辆及其使用者发出预警；通过 IP 分析反向追踪攻击者；与服务商合作，多方式联合提升调查和处理的有效性。

⑤ 安全漏洞修复和升级。车端入侵检测系统的检测结果和车辆安全运营中心的分析数据为车辆安全系统的"查缺补漏"提供了依据，负责车辆制造或服务提供的人员参照这些监测和分析数据，通过载入软件漏洞修补小程序、硬件更新、配置更改等方式，能够有针对性地提升车辆的防御能力，让车辆更加安全。此外，也可以由厂商把需要升级的数据信息通过网络直接推送给用户，由用户自主完成模块升级。

6.3.3　VSOC 的主要功能

当遭遇一些非特殊安全事件时，车辆安全运营中心基本遵循监测采集数据、检测分析威胁、响应阻断威胁、处理分析安全事件、处理漏洞升级系统这一流程。除此之外，车辆安全运营中心还能从整体上对全车安全进行监测，提醒驾驶员或运营人员及时消除威胁。下面是对安全运营阶段的主要功能的具体介绍。

（1）数据统计与数据分析

数据是车辆安全运营中心进行工作的基础和支撑，监管车队状态、分析安全事件的具体情况都需要对所获取的数据进行处理和统计分析。

① 车队状态监控。车辆安全运营中心在对整个车队的安全状况进行实时掌握时，往往是通过其安全和网络连接情况来判断是否存在安全隐患。具体监测内容包括车辆的网络通信情况、系统运营情况、安全事件报告等，这些信息往往以实时数据的形式被车辆安全运营中心获取，借助数据分析和统计，异常行为或可能存在的安全问题得以被监测出来，并得到及时解决。

② 安全事件统计和分析。为了深入了解安全威胁，更好地做出应对，车辆安全运营中心会收集发生过的安全事件的类型、频率、影响范围等信息，并作出分析，挖掘出对提升系统安全性有所帮助的信息。借助这一过程，一些常见的入侵模式、对漏洞的利用方式以及车队中的安全漏洞都能够被识别出来，同时安全运营中心会针对这些问题提供相应的解决方案，用以提升车辆整体的风险抵御能力。

③ 安全策略更新和优化。对车队状态进行监控以及对安全事件进行统计后，所得到的数据能够被安全运营中心分析学习，获取最新的安全威胁情报和漏洞信息，并有针对性地对当前的安全方案进行及时的完善和升级，调整车辆的安全配置和防御方法。这些调整包括制定新的安全规则、增加对访问的监管和限制、完善加密机制等。

以数据统计与分析技术为支撑，车辆安全运营中心具备了综合的监控和分析能力。从车辆运行角度来看，车辆安全运营中心实现了对车辆安全的全面监管，并能够在安全事件发生时迅速响应、及时应对，对车辆和乘客进行保护；从车队管理角度来看，车队管理者和安全团队既能够从全局角度把握车辆安全情况，又能够在出现问题时有针对性地进行应对，还能够借助安全运营中心所提供的数据进行决策制定，并推动车队管理的不断进步。

（2）资产管理

车辆安全运营中心还可以充当"管家"的角色，通过对资产信息（车队中各车辆的车型、配置、关联的零部件信息，供应商的名称及联系方式）进行建库，并进行维护更新，在遭遇安全事件时，车辆安全运营中心可以快速查找到特定车型及零部件的信息，及时了解相关的资产情况。

通过从资产数据库中调取信息，车辆安全运营中心能够迅速掌握安全事件的波及范围和影响程度，并高效、迅速地完成与供应商的协调沟通，以在最短时间内与之达成紧密合作，快速对事件做出响应，有效解决问题，避免风险扩大。

供应链安全管理同样离不开资产管理功能的支撑，安全可靠的零件源头是保证汽车质量的基础，也是安全事件发生时快速排除风险的保障。安全运营中心能够对与车队合作的零部件供应商进行跟踪管理，对双方合作进行记录，并结合法律法规向车队提供与其合作的安全评估报告，若供应商自身存在安全风险，车辆安全运营中心将会及时进行提示，以保证供应链质量。此外，当遭遇安全问题时，借助资产数据库中的信息也能够实现与供应商的快速对接，合作双方及时对问题进行解决。

安全运营中心所具有的资产整合功能，能够对车型、零部件和供应商等资产信息进行维护管理和快速查找，既能够在汽车遭遇安全问题时及时、迅速、准确地做出反应，排除风险，提高问题处理效率，又能够保证供应链安全，推动其不断优化，从整体上对车队的安全性进行把握。

（3）漏洞管理

为了更好地应对可能存在的威胁，要充分重视漏洞管理的重要性。车辆安全运营中心通过对权威漏洞库如通用漏洞披露（common vulnerabilities and exposures，CVE）进行定期更新维护来获取最新的漏洞信息。通过对漏洞库数据的整合，各个漏洞的严重程度、波及范围以及已有的修复建议一目了然。

以权威漏洞库提供的数据为支撑，车辆安全运营中心定期使用专业的漏洞扫描工具对车辆的车机系统展开漏洞扫描，发现潜在的漏洞和安全弱点，并参照漏洞库中的信息精准寻找到真正对车辆系统构成威胁的漏洞。

当遭遇安全问题时，车辆安全运营中心借助漏洞管理功能来获取事件、资产和漏洞三者的关联关系，并能够在对一方数据进行分析的情况下，通过安全事件和漏洞二者之间的互推来确认或定位到另一方。

在资产漏洞的修复和风险预防方面，漏洞管理系统同样大有用武之地。在漏洞修复方面，当检测到某一资产出现漏洞时，车辆安全运营中心通过对漏洞修复过程进行追踪协调来确保漏洞修复的时效，将安全风险控制在较低的水平；在资产漏洞风险预防方面，车辆安全运营中心将漏洞信息共享给资产管理模块，后者根据共享的信息作出预防，避免遭受同样的安全问题。

以漏洞管理功能为支撑，车辆安全运营中心实现了安全事件、资产和漏洞三者的有机互联，从而能够全面地对车辆进行管理，在遇到问题后迅速掌握事件情况、定位到资产漏洞并做好修复和后续同类问题的预防工作。这种多方面联合对漏洞进行管理的能力，可以让车队系统的运营更加安全稳定，大大降低漏洞对系统的威胁程度。

随着智能网联汽车应用范围的扩大和应用场景的增加，汽车软件与汽车硬件之间关联程度不断加深，汽车企业的重心从制造逐渐转移到服务上来，随之产生的需求亦日渐增加。这也对车辆安全运营中心提出了更高的要求，亟待完成由单一监管到多元化、多层次、高覆盖的转变。

6.3.4　车辆安全运营的挑战与趋势

（1）车辆安全运营的挑战

车辆安全运营中心对保障智能网联汽车的网络安全无疑具有重要价值，但其在具体的应用过程中仍然会面临一些挑战，具体涵盖以下几个层面。

① 数据管理层面。车辆安全运营中心的工作是建立在对大量复杂数据进行处理的基础上的，这些数据种类繁多，车辆状态、传感器数据、驾驶行为等均包含在内。要实现对这些数据的高效、准确处理并将有用的信息提取出来，对其运算、分析处理能力无疑是一个巨大的挑战。此外，如何有效地保护数据的安全隐私，避免泄露并保证其完整可靠同样需要考虑。

② 多方协作层面。车辆安全运营中心的工作任务要求其具备跨部门、跨地域进行沟通协作的能力，通过互操作与数据共享来确保其任务的高效完成。然而在生

产商、车辆型号以及地域等因素的影响下，数据标准和接口方面存在天然差异，并且受限于权限、安全性与合规性问题，多方协作与信息共享一样难以达成。

③ 技术更新层面。技术不断迭代更新，新的标准不断被制定，用户的需求亦不断发生变化，为了能够为用户提供更好的服务，车辆安全运营中心需要与技术和标准保持同频，及时更新升级。

总之，作为一种应用于汽车行业发展与安全管理需要的车载管理系统，车辆安全运营中心能够有效地帮助车辆规避安全风险，使之更加安全，但同时数据运营、多方协作、技术更新等方面的压力也充斥在其建设运营过程中。要想与时俱进，让车辆安全运营中心在车辆安全管理中发挥应有的价值，就必须对这些问题加以重视。

（2）车辆安全运营的发展趋势

目前，安全运营已经呈现出了协同化、智能化、自动化的发展趋势，并不断从上到下贯彻落实着安全运营的新理念、新决策。

① 协同化。协同工作是安全运营的核心，因为有庞大算力的支持，外部入侵往往更加隐匿，且无孔不入，仅凭车辆的算力无法有效与入侵形成对抗，因此必须将各种安全设备以及系统算力集中起来，才能实现全方位的入侵检测，提高安全运营的效果。

② 智能化。智能化为其他两个趋势提供支持，只有安全组件的性能足够高，才能紧密地联系在一起，更好地发挥自身职能，对外部入侵做出响应。也只有算法足够先进，才能及时在入侵后进行复盘，建立更详细的网络入侵模型，为今后的防御提供更全面的经验。

③ 自动化。自动化可以帮助减少人工的使用，人工操纵系统防御入侵无法保证长时间的工作精度，而自动化可以降低重复工作出错的概率，降低这部分的开销。服务编排与自动化平台就是目前该领域自动化主要的技术成果，根据事件而非时间编排服务内容，如此可让安全运营更加灵活，更能适应不同入侵类型，也设计了总控台来配合一系列的自动业务流程，激活对应的程序响应入侵。

④ 安全运营机构。安全运营机构是指安全防御与分析平台架构（security operations and analytics platform architecture，SOAPA），是一个集数据记录与分析、入侵检测与响应于一体的安全运营体系。该体系包括四个部分，分别是分散型的数据发送、应用服务的激活与运作、入侵数据的记录和分析、系统功能的管理与调度。

SOAPA 的所有防御功能都在安全运营平台层集中管理，对具体工作流程的限制较少，这使得其灵活程度也比较高，重复工作都以自动化流程解决。随着安全运营理念的进一步深化和落实，SOAPA 还将经历进一步的升级，将不断适应各种新的网络入侵方式，及时实行有效的举措。

第 **7** 章
传感器安全风险

7.1 动力传感器风险

当车辆绕垂直轴运动时，车辆动力传感器可以作为其转速和横向加速度的测量工具，从而获得车辆的动态信息。动力传感器包括轮速传感器、惯性传感器、胎压监测系统（tire pressure monitoring system，TPMS）。

7.1.1 轮速传感器风险

下面首先简单分析一下针对轮速传感器的入侵方式。

（1）破坏性入侵

磁性干扰入侵是破坏性入侵的一种。制动防抱死系统（antilock brake system，ABS）的调节环存在磁场，如果车轮间有一个通过电磁制动的速度传感器，ABS的磁场就会遭到破坏。在外部磁性源的作用下，传感器的运行会出现异常，这将对车辆的稳定性和控制性能产生影响。应对此种入侵，防止传感器的数据安全受到威胁，车企一般会在传感器和外部磁性源之间设置物理隔离，或者是采取制定加密协议的方式。

（2）欺骗入侵

欺骗入侵是篡改轮速数据以对轮速传感器起到欺骗效果。修改数据的具体手段有将电阻器置于传感器的输入电缆上，或是非法入侵车辆的ECU。错误的读数会影响ABS对车辆速度及加速度的判断，对车辆的制动和操控形成干扰。

以上针对ABS的入侵会影响车辆的制动和紧急制动，有可能带来严重后果。对此，车企一般会增加用于获取轮速数据的传感器的数量，降低单个传感器受到入侵造成的影响，并且采用更加先进和复杂的算法，对可能出现的数据异常作出检测和纠正。另外，为拒绝攻击者对车辆ECU的非法访问和修改，有的车企运用了加密技术等安全措施。

7.1.2 惯性传感器风险

惯性传感器的检测对象包括车辆的加速度、倾斜、冲击、振动、旋转、多自由度运动，由加速度计和角速度传感器两部分组成，其中加速度计也可以是加速度传感计，角速度传感器为陀螺仪，两个组成部件上有单轴、双轴、三轴组合的惯性测量单元（inertial measurement unit，IMU）。针对惯性传感器的入侵主要有以下两种。

（1）侧摆入侵

车辆航向值受注入波形幅度的影响，攻击者选用两个频率不同的波形，进行交替注入，这样波形的相位会产生浮动，提高车辆航向值，航向值异常会对汽车的正常行驶过程产生影响。

（2）声学入侵

加速度计和采用微机电系统的陀螺仪存在负载谐振频率，采用弹簧质量结构的工具能够制造出与其同频的声波，借此可以改变汽车的运动状态。

7.1.3 TPMS 风险

TPMS 有 4 个压力传感器，每个轮胎还有用于 TPMS 的 ECU 以及接收器单元各一个，两者的集成可以完成传感器 ID、胎压、温度等数据的收集，如果传感器 ID 的信息与轮胎不匹配，则丢弃。攻击者可能通过以下方式对 TPMS 发动入侵。

（1）逆向入侵

攻击者对车辆系统中的固件进行逆向分析，找出其存在的漏洞，根据漏洞采用重放入侵和中继入侵等手段，将伪造指令发送给车辆 ECU，从而控制车辆的行为，这是对车辆安全的极大威胁。逆向入侵是从固件入手的，因此要对其做出防范的关键点是提升固件的安全性。为此，有的车企采用硬件保护模块对固件进行加密，或是通过数字签名进行身份认证，以提高访问权限。

（2）欺骗入侵

攻击者非法访问 TPMS，并篡改胎压传感器测量数据，TPMS 受伪造数据的误导会显示错误的信号，使用户无法获取到正确的胎压信息，无法及时发现胎压出现的异常状况，造成极大的安全隐患。

（3）窃听入侵

在一定的时间段内，胎压传感器的 ID 是固定的，且 ECU 一般不会验证信息的来源，这样传感器数据读数以及数据的传输就会遭到攻击者的窃听和监控，距离攻击者 40m 之内的车辆，其 TPMS 信息都有可能被攻击者窃取到。

7.2 环境传感器风险

7.2.1 激光雷达风险

环境传感器可以感知车辆周围的环境，并向车辆发送关乎环境的测量数据，激光雷达、超声波雷达、摄像头等都属于环境传感器。

激光扫描技术是激光雷达的技术基础，帮助后者生成关于环境的三维映射。激光雷达分为多种类型，当前扫描激光雷达的应用较为广泛，不过固态激光雷达是未来的市场选择。扫描激光雷达向周围发射激光和脉冲作为探测信号，信号遇到目标物体后会发生反射，形成"回波"回到激光雷达。发射信号与回波之间存在一个时间差，传感器通过时间差得到障碍物的距离信息，并形成周围环境的三维视图，这将为自适应巡航控制和防撞系统提供支持。

针对激光雷达系统的入侵方式有以下几种。

（1）重放入侵

在接收信号时，激光雷达无法验证信号的来源。针对这一点，攻击者会将激光雷达发出的信号重新发回给它，而激光雷达不能分辨出这是自己发射的信号，只会认为这是目标物体的反射信号，受到欺骗的激光雷达生成与现实不匹配的错误映射，对自动驾驶系统产生错误引导，带来很大的安全隐患。

（2）欺骗入侵

欺骗入侵与重放入侵有一定的相通之处，同样是向激光雷达发送不符合现实的虚假信号，只不过欺骗入侵的虚假信号是攻击者自己制造的，并非来自激光雷达的发射信号。通过欺骗入侵，攻击者让激光雷达将不存在的物体视为存在，或是得到错误的障碍物距离信息。错误的环境信息会对自动驾驶系统产生误导，存在较大的安全风险。

（3）中继入侵

中继入侵需要借助安装于车辆周围的中继器，通过中继器可得到车辆的激光雷达信号，对信号进行修改后创造虚假的回波欺骗激光雷达，使车辆得到错误的环境信息，对自动驾驶系统产生不正确的引导，车辆安全将面临较大威胁。

中继入侵用到的工具有两种，两种工具所花费的成本都不高。一种是光电探测器，它可以做到输出电压与激光雷达的脉冲强度保持一致；还有一种是用来模拟激光雷达的收发器。

（4）致盲入侵

致盲入侵是通过发射强光对激光雷达进行干扰，使其无法发挥作用。激光雷达发射器发射的脉冲一般采用红外线光，而在红外线光信号之外，激光雷达接收器的光传感器还可以接收其他波长的光信号。入侵所采用的光源要拥有与激光雷达相同的波长，光源的选择依据目标激光雷达的工作原理，可见光和红外线光都是可用的光源选项。

（5）干扰入侵

干扰入侵要借助与激光雷达相同的频带，对激光雷达传感器进行干扰，影响其正常工作。干扰工具可以由 Raspberry Pi 操作系统和低功率激光器制成，这样一件工具并不需要花费许多成本。

（6）DoS 入侵

DoS（denial of service）入侵即拒绝服务入侵，这种入侵方式会导致激光雷达不能正常提供服务和功能。

（7）故障注入入侵

故障注入入侵（autonomous vehicle fault injector，AVFI）可以注入数据故障、

硬件故障、时序故障和机器学习错误四种类型的故障。

• 数据故障表现为测量数据错误，此种故障的注入可借助摄像头、激光雷达等传感器。

• 硬件故障的注入有两种方式，一种方式是借助重离子辐射、电磁干扰、电源干扰等环境参数的变化形成对硬件的干扰，另一种方式是使集成电路芯片引脚输入发生变动。

• 时序故障指数据传输的时序发生错乱，这样造成的结果是数据的丢失、错误或无序。

• 机器学习错误主要由错误的学习模型引起，当参数中被加入噪声时，模型的权重会发生变动，机器使用了错误的模型就会作出错误的预测。

7.2.2 超声波传感器风险

超声波传感器的作用是检测车辆周围环境中存在的障碍物，并完成车辆与障碍物之间的测距。传感器发送的超声波信号遇到障碍物后会反射回来，根据发送和接收的时间，结合信号特征，得到障碍物与车辆之间的距离。在停车等驾驶行为中，障碍物的信息非常关键，借助超声波传感器，能有效保障驾驶安全，使驾驶变得更加高效。下面将介绍几种针对超声波传感器的入侵方式。

（1）盲点入侵

超声波传感器存在检测盲区，将障碍物置于盲区之内就可以躲避传感器的检测，对车辆安全产生实际威胁。

（2）干扰入侵

如果某方向持续存在超声波脉冲，传感器的工作会受到干扰，距离测量的准确性会受到影响。攻击者可以利用这一点对传感器实施入侵。

（3）伪装入侵

有的材料可以吸收声波，使传感器无法得到反射信号，用这种材料包裹或遮挡的障碍物无法被传感器检测到。这是伪装入侵的一种方式。

（4）物理入侵

直接从物理层面对超声波传感器实施入侵，篡改或禁用接收器和发射器的功能，使传感器无法正常工作。

（5）欺骗入侵

按照复杂程度，欺骗入侵分为简单、随机、高级三种。简单欺骗入侵直接向传感器发送虚假信号以起到欺骗的作用；随机欺骗入侵会将合法信号记录下来，借此模拟出一个真实环境，在这样的模拟真实环境中实施对传感器的欺骗；高级欺骗入侵会根据监听到的传入信号制造出虚假的反射信号，借助虚假信号达到欺骗传感器的目的。

7.2.3 摄像头风险

摄像头的作用是识别障碍物、交通标志等环境信息，是自动驾驶系统中必不可少的传感器。针对摄像头的主要入侵方式为致盲入侵和欺骗入侵。

（1）致盲入侵

强激光束的聚焦会使色调值升高进而致盲，对摄像头的致盲入侵利用的是这一原理。影响致盲入侵结果的因素有三个：环境光、人造光源、人造光源与摄像头之间的距离。更远的距离需要更强的光源。测试结果显示，红外光对车载摄像头的入侵效果最强，可直接致盲。摄像头失明会使车辆丧失对环境的识别能力，造成严重安全隐患。

针对致盲入侵可采取的措施有增强摄像头抗干扰方面的性能，以及设置备用传感器等。

（2）欺骗入侵

对摄像头的欺骗入侵可以从外部或内部进行，外部入侵如在摄像头的视野范围内放置具有迷惑性和误导性的标志和物体，内部入侵主要是对摄像头的运行实施干扰，具体采用的方式包括欺骗自动曝光控制和自动对焦实施，降低光敏感度等。

当光照条件发生变化时，摄像头能够借助算法进行平衡，但如果遇到直射光，其曝光度和灵敏度仍会遭到削弱。受此影响，其图像质量会出现下降，物体会受到遮挡，这将为欺骗入侵提供可乘之机。

7.3 传感器的入侵手段

7.3.1 自动驾驶汽车的脆弱性

近年来，汽车中所装配的软件、传感器和电子控制单元逐渐增多，汽车的智能化和网联化程度也越来越高，但同时这些软硬件设备也对自动驾驶汽车的信息安全造成了影响，导致自动驾驶汽车在信息安全方面具有较高的脆弱性。就目前来看，汽车行业已经认识到了汽车信息安全问题的重要性，并将其作为一项重点内容进行研究。

具体来说，传感器和神经网络的脆弱性是影响自动驾驶汽车信息安全的重要因素。

传感器的脆弱性限制了汽车的工作场景，导致汽车难以适应多样化的场景和各类极端条件，同时也为非法入侵者提供了入侵车辆的机会，对汽车的安全造成了不利影响。例如，当车辆处于光线昏暗的环境中时，若摄像头突然遭受强光照射，则会出现过曝等问题，影响图像信息的准确性，导致全球卫星导航系统（global navigation satellite system，GNSS）传感器所发出的信号为虚假信号，难以确保自动驾驶汽车决策的准确性。

传感器的脆弱性会影响自动驾驶汽车的信息安全，对自动驾驶汽车的发展造成限制，为了解决这一问题，相关厂商纷纷推出相关产品和标准来降低传感器的脆弱性，相关机构也陆续制定出相应的标准来保障自动驾驶汽车的信息安全。例如，索尼开发出了互补金属氧化物半导体（complementary metal-oxide-semiconductor，CMOS）图像传感器，并利用 CMOS 图像传感器来提高摄像头对亮度变化的适应能力；欧洲电信标准化协会（European Telecommunications Standards Institute，ETSI）制定了 EN 303 413 标准，对 GNSS 的多项内容进行了明确规定。

神经网络的脆弱性影响了识别结果的可信性，导致自动驾驶汽车出现各种非预期行为。近年来，相关研究人员不断加大对神经网络技术的研究力度，并研究出了多种基于神经网络技术的入侵方法和防御方法，例如，自动驾驶汽车既可以先对神经网络进行平滑处理，再输入图像信息，也可以利用相应的入侵样本来完成训练，还可以关闭图像识别过程中未被激活的神经元。

一般来说，从出现时间上来看，防御方法大多晚于入侵方法，因此汽车难以在遭受入侵时提前进行防御，神经网络的脆弱性问题也并未得到有效解决。

7.3.2 通过车载网络进行入侵

攻击者通过车载网络进行入侵的过程主要包括如图 7-1 所示的几个环节。

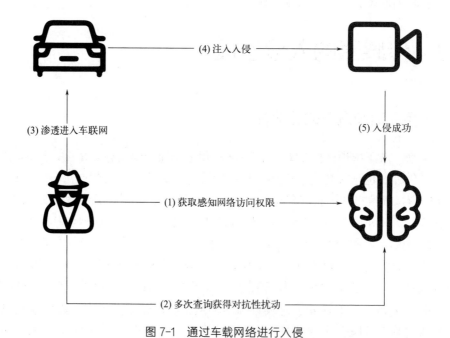

图 7-1 通过车载网络进行入侵

对攻击者来说，若要实现对自动驾驶汽车的成功入侵，既要有一定的专业知识储备，也要有相关经验的积累，还要了解目标车辆的内部电子电气架构。一般来说，各种车型在电子电气架构方面大多存在一定的差别，因此注入入侵环节的入侵路径也各不相同。例如，2015 年，相关研究人员以"音频系统 -CAN 总线 - 感知模块"为入侵路径对 Jeep 汽车发起入侵；2016 年，相关研究人员以 Wi-Fi 为入侵路径实现了对汽车网络的入侵。

通过车载网络进行入侵的方案大多具有较强的针对性，难以广泛应用到各类入侵情境当中，且具有一定的实施难度，因此攻击者必须掌握相关专业的知识和技能。不仅如此，与物理入侵相比，通过车载网络进行入侵能够更加直接有效地对二维感知模块造成损害，直接导致自动驾驶汽车出现摄像头画面丢失等问题，限制二维感知网络发挥作用。

通过车载网络进行入侵具有较强的直接性和有效性，但隐蔽性不足，当攻击者采用这种方式对自动驾驶汽车进行入侵时，安全检测人员可以通过排查找出系统中存在的漏洞，并及时修复漏洞。

对抗性入侵具有隐蔽性较强的特点，当攻击者通过对抗性入侵的方式对自动驾驶汽车进行入侵时，漏洞排查难度较大，安全检测人员难以迅速找出漏洞。例如，攻击者可以利用快速梯度下降法（fast gradient sign method，FGSM）生成对抗性扰动噪声，该噪声具有不易察觉的特点，能够阻碍相关工作人员对漏洞进行修复。对安全人员来说，可以以平滑的方式实现对这类对抗性噪声的有效防御，对攻击者来说，为了提高入侵的有效性，还需进一步提高噪声的隐蔽性和被平滑的难度，并采用光点等方式对自动驾驶汽车进行入侵。

总而言之，通过车载网络进行入侵具有入侵有效性强、入侵方法丰富等特点，但实施难度大、入侵成本高、入侵路径单一，若攻击者采用这种方式对自动驾驶汽车进行入侵，那么安全人员只需进一步限制攻击者通过入侵路径访问二维感知模块的权限，就能实现对这一入侵行为的有效防范。

7.3.3 通过卷积神经网络入侵

通过卷积神经网络进行后门入侵是一种通过将后门植入二维感知网络来干扰样本识别的入侵方式。当攻击者采用这种方式对自动驾驶汽车进行入侵时，样本中被植入后门，卷积神经网络将会出现误识别等问题。

具体来说，通过二维感知网络进行后门入侵流程图如图 7-2 所示。从入侵流程上来看，通过卷积神经网络进行后门入侵主要包含以下几步：

- 攻击者在掌握数据集修改权限的前提下向待训练样本中植入后门；
- 卷积神经网络利用待训练样本库中的数据进行训练；
- 攻击者将对抗性扰动引入真实场景和摄像头信号中；
- 完成入侵。

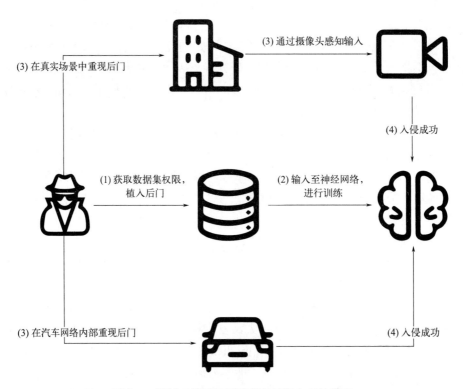

图 7-2　通过二维感知网络进行后门入侵流程图

现阶段，通过卷积神经网络进行后门入侵的方法已经被应用到人工智能领域当中，并发挥着重要作用。例如，部分攻击者利用这种方法来入侵 Google 的垃圾邮件分类系统，进而实现对文本数据的操纵，威胁网络信息安全。

就目前来看，通过卷积神经网络进行后门入侵的方法主要涉及数据训练前阶段和数据训练后阶段，由于自动驾驶汽车并不会在数据训练后更新为感知网络，因此攻击者在对二维感知网络进行入侵时，只能在训练阶段向训练样本中植入后门。

自动驾驶汽车的厂商主要从以下两处获得二维感知模块的训练样本：

① 公共数据集。攻击者在获得修改权限后可以向训练样本库中植入后门，但由于公共数据集中含有大量样本数据，难以确保样本学习可以使用到被植入后门的样本，为了提高入侵的有效性，攻击者需要扩大后门数据植入量，或者针对这一问题来对后门进行设计。

② 第三方外包或自建数据集。攻击者可以利用社会工程学的手段向训练样本中植入后门，也可以进入内部，借助内部人员的身份将后门植入样本当中，并利用数字信号或物理方式来对自动驾驶汽车发起后门入侵。

总而言之，通过卷积神经网络进行后门入侵的方法要求攻击者掌握相关专业知识和技能，数据集对攻击者开放修改权限，因此实际实施难度较高，但入侵路径较多。从防范方式上来看，当攻击者采用这种方式对自动驾驶汽车进行入侵时，车辆可以通过检测卷积神经网络后门的方式找出存在问题的样本，并对这些样本进行修复，例如，通过找出并修复样本中未激活的神经元的方式来防范。

7.3.4 通过摄像头进行物理入侵

通过摄像头进行物理入侵主要包含以对抗性扰动为载体的物理入侵以及使用强光照射摄像头、遮挡待识别目标等直接入侵。就目前来看，自动驾驶汽车的预期功能测试方案中已有针对各类直接入侵的解决办法，因此这些入侵方式的入侵效果欠佳；以对抗性扰动为载体的入侵逐渐成为通过摄像头进行物理入侵的主要方式。

具体来说，通过摄像头进行物理入侵如图 7-3 所示。

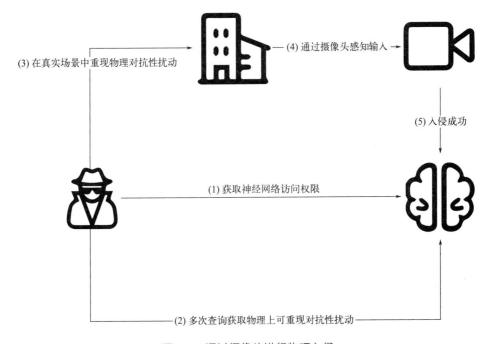

图 7-3　通过摄像头进行物理入侵

通过摄像头进行物理入侵的方式对专业人员的依赖性较小，实施难度较低。具体来说，当掌握相关专业知识和技能的攻击者将对抗性扰动注入物理空间后，实施入侵的人不需要具有较强的专业性。

不仅如此，通过摄像头进行物理入侵的方式还具有防范难度大的特点。从入侵路径上来看，通过摄像头进行物理入侵就是按照"物理世界 - 摄像头 - 二维感知信号 - 二维感知网络"的路径进行入侵；从入侵地点上来看，通过摄像头进行物理入侵的地点具有较强的不可预测性。由此可见，当攻击者采用这种方式对自动驾驶汽车进行入侵时，安全人员将难以兼顾保障摄像头功能安全和防范物理入侵这两项任务,也无法及时预测入侵地点。

与其他入侵方式相比,通过摄像头进行物理入侵的方式会受各项环境因素的影响,可能会出现入侵的有效性降低等问题,导致入侵的失败率相对较高。

综上所述,通过摄像头进行物理入侵的方式具有实施难度低、入侵成本低、随机性强、不可预测性强、防范难度高等特点,且安全人员难以在开发过程中检测出这一安全漏洞,但入侵有效性不足。

第 8 章
信息安全风险测评

8.1　国内外信息安全风险评估的发展

8.1.1　国外汽车信息安全风险评估

欧洲、美国、日本等先进国家和地区由于具有发达的汽车制造业基础，凭借着已有的成熟的产业链条与技术积累，实现了由传统汽车向智能网联汽车的过渡，并掌握着核心芯片制造、关键零部件制造、系统研发等核心技术，在智能网联汽车数据安全检测研究领域具有较大优势，相关研究开展时间较早，研究程度较深，研究成果多样。

汽车制造及其零部件供应是欧洲经济发展中的重要支柱，也使得欧洲在零部件及网络通信安全的研究方面具备良好的基础条件。自 2008 年起，EVITA、OVERSEE 和 HEAVENS 项目相继启动。

• EVITA 致力于设计、证明、构建车载网络的原型构建块，以保护安全相关的组成部分免受篡改、保护敏感数据免受损害。EVITA 方法聚焦于车载系统，在对风险进行评级时将入侵潜力等因素考虑在内。

• OVERSEE 通过监视系统状态、执行定时任务并自动响应各种事件来提升数据运维管理的效率和可靠性。

• HEAVENSE 则以威胁为中心，在对其进行分析的过程中建立安全属性与威胁的直接映射，以此来分析存在于车辆电子电气系统的威胁和对汽车的风险等级进行评估。

除了对汽车自身系统的安全威胁与风险等级进行评估，德国汽车工业协会（Verband der Automobilindustrie，VDA）还与欧洲汽车工业安全协会（ENX）联合，推出了"可信信息安全评估交换（trusted information security assessment exchange，TISAX）"，以专门的 TISAX 网络平台提供汽车行业跨企业信息安全评估认可支持，形成了较为可行的安全管理体系。

此外，针对网联汽车车辆网络安全问题，由英国创新署（Innovate UK）发起，集合了 HORIBA MIRA、里卡多、Roke、Thatcham Research 和 Axillium Research 等多家汽车研究领域知名机构的 5StarS 联盟，为提升新型网联汽车的网络安全性能以及网络抗压性能，曾向汽车行业发布咨询文件，以制定完善的网络安全评级体系，为新型网联汽车的使用者提供了一张渐进式的保障线路图。

8.1.2　我国智能网联汽车评测技术

近年来，以推动智能网联汽车行业向纵深发展为目标，中国政府和企业共同努力，多管齐下，从目标制定、行业架构、产业布局、政策配套、技术研发五个方面进行推进，取得了一定成效。针对智能网联汽车的安全问题，多个国家与企业信息技术研究机构不断进行探索，中国汽车技术研究中心有限公司、中国电子信息产业发展研究院、Apollo 汽车信息安全实验室等知名机构均参与其中。

2019 年 6 月，《智能网联汽车信息安全评价测试技术规范》征求意见稿发布，引起了业内广泛关注，其将智能网联汽车的安全测评内容划分为 6 个维度、13 个单元，这是国内第一个智能网联汽车信息安全方面的测评标准，为汽车行业信息安全测评开辟了道路，推动了相关体系的建设。

2017 年，中国信息研究院与中国汽车技术研究中心、上海安吉星信息服务有限公司等汽车行业的领航机构共同发布了《车联网网络安全白皮书》，对车联网的安全问题进行了梳理，并从智能网联汽车、移动智能终端、车联网服务平台、车联网通信安全、车联网数据安全和隐私保护协议等方面对车联网面临的威胁进行了分析，并针对上述五个方面分别提出了对策。这一文件的发布对智能网联汽车信息安全测评工作有着重要的指导作用，推动了网联汽车信息安全化建设。

中国泰尔实验室是由工业和信息化部和国家市场监督管理总局授权设立的检测机构，自智能网联汽车兴起以来，其长期在智能网联汽车信息安全测评领域深耕，积累了丰富的研究经验，依托于实验室强大的科研支撑能力，该实验室实现了对智能网联汽车的整车信息评测。

其评测流程包括制定测评方案，应用一定技术手段对车辆进行测评，筛查其存在的安全问题，这一过程要参照已经公布的信息漏洞进行。其进行整车信息安全测评的结果可被应用在车辆信息安全威胁预防、车辆安全系统升级、新车设计研发等方面。

该评估达到了对整车信息安全能力的全覆盖，具体包括车载终端/模块信息安全的评估与测试、车载设备可靠性测试、车联网测试、V2X 网络层协议一致性及互操作测试、面向车联网的 MEC 协议一致性及互操作测试等。

相较于国外，国内的智能网联汽车行业发展起步相对较晚，但国家予以充分重视，在政策层面进行扶持，同时各企业具有一定的战略眼光，以中汽中心、赛迪、百度等公司为首的一些企业在智能网联汽车信息安全测评等领域加大资金与技术投入，研究取得了一定的成果，这都为智能网联汽车的发展提供了一个黄金窗口期。随着功能的不断完善，应用场景的不断丰富，用户需求的不断增多，对于信息安全测评的要求也不断增多，一套统一的信息安全测评体系将能够满足当前智能网联汽车应用方面的需要，进一步推动车联网信息安全工作的开展。因而，这也将成为智能网联汽车行业接下来发展过程中的一项重要任务。

结合国内外信息安全测评技术的发展现状，可以得出以下两点结论：

• 第一，智能网联汽车的安全问题贯穿其概念设计、产品开发、生产、运营、维护及报废全过程。保障其信息安全，一方面要确保其开发流程的科学和合法合规；另一方面要确保其产品安全功能达到相关技术标准，具有较高的安全性。

• 第二，智能网联汽车评测工作的开展也要从开发流程和产品功能两方面入手，既要对相关组织进行开发流程方面的审计评估，也要对产品本身进行自身性能方面的功能测试，同时，在测评过程中应充分考虑到不同车辆的功能特点，评测方法应具有一定的通用性和车辆适应性。当前，从应用角度来看，以风险评估的结果为依据，反推智能网联汽车的信息安全需求是一种较为普遍的做法。

8.1.3 TISAX 信息安全风险评估机制

在安全管理体系方面，TISAX 是一个较为成功的典型，作为一个兼具安全评估与信息共享功能的平台，其主要功能有二：一是以统一、通用的标准对企业信息安全进行评估；二是支持这些信息安全评估结果在企业间的交换。

评估基于国际通用的信息安全标准 ISO/IEC 27001 和 VDA ISA（Information Security Assessment），其中 VDA ISA 标准是由 VDA 和德国信息安全机构联合制定的信息安全标准，与 ISO/IEC 27001 相互补充。TISAX 机制是汽车制造商采购订单、项目合作、数据交换、资格延续的必备前提条件。

该机制的存在大大简化了企业在进行相关采购、合作、数据交换、资质审核过程中的流程。借助该机制所获得 VDA ISA 信息安全评估结果能够适配多方安全要求，各个企业也借由这个安全评估的结果增进了彼此之间的了解与信任，一些企业之间甚至互相进入对方的"白名单"，从而减少了双方合作过程中的条件限制，减少审核，提升了合作效率。

首先，企业需要在 VDA 和 ENX 进行注册，确定好审核的信息安全范围等级和地点，获取 TISAX 机制的进入准许；随后，与具有 TISAX 资格认证审核权的审核机构进行预约，由其执行审核；最后，审核结果被公示于 TISAX 平台，供合作方与其他 TISAX 用户查询参考，为他们提供可靠、有效的信息来源。同样地，企业也可以对其他用户的评估进行查询，以此实现信息的互惠共享。

在这个过程中，为保证评估过程合乎规范，评估结果可靠可信，需要严格的组织流程并对评估的过程予以监管。组织与监管者的重要角色由 ENX 协会担任，具体为 ENX 协会对其所信任的审计服务提供商进行授权，审计服务提供商对审核机构实施审核的流程及结果进行监督和检查，这样，TISAX 参与者、审计服务提供商、ENX 协会（TISA 机制）构成了一种稳定的三角关系，保证了平台安全信息评估的公平性与可信性，这也是 TISAX 机制能够获得高认可度的原因之一。

TISAX 的信息安全评估结果以信息安全保护程度进行呈现，按照等级由低到高可以分为 AL1、AL2（高）、AL3（非常高）三个级别。

从评估主体来看，AL1 级别主要对象是一些处理的数据较为简单的标准供应商，其评估过程由供应商自主评估实现；AL2、AL3 的对象则分别是较为复杂的供应商和处理高度敏感外部数据的供应商，需要通过第三方审计在供应商自我评估的基础上进行评估与审查。

从评估内容来看,信息安全评估(ISA)范围内的 52 个控制点是最基础的评估项,此外还有可能包括原型保护、第三方连接、数据保护等额外控制点的审计,这些控制点的增减视供应商与制造商的具体合作而定,如需增加该类控制点,则需要对相应的模块进行开发,将其植入开发目录。如表 8-1 所示,整理了 ISA 在各个方面的不同控制点。

表8-1 安全控制点

序号	标准目录	安全控制点数量
1	信息安全	52
2	第三方的联系	4
3	数据保护	22

安全控制点的标定主要依赖于 ISO/IEC 27001、ISO/IEC 27002 和 ISO/IEC 27017 等标准,同时结合实际不断进行增减与更新。以最新的 5.0.1 版本的 ISA 要求为例,其集成了控制项 1.2、控制项 12.4、控制项 14.2 和控制项 14.3 中的部分内容,删除了控制项 12.9,并新增了控制项"远程办公"(2.1.4)、"员工资质"(2.1.1)和"识别工具的处理"(4.1.1),使得目录的使用更加轻松高效。此外,对于所有的控制项,评估主体也会对其进行打分,在 0~5 分范围内,得分越高,成熟度越高。最后通过对各项所得分数进行计算,确定其安全评估结果,此种评估方式能够对评估对象的各项指标进行较为精细的评定,为其后续的改进提供方向。

8.1.4 5StarS 全生命周期保障体系

随着汽车电子电气架构的演变、车载网络数据的增加,汽车遭受网络入侵的概率也逐渐增加。针对车辆的网络安全问题,5StarS 联盟制定的保障体系提供了一种良好的方案,实现了从车辆设计到寿命结束全生命周期的网络安全保障。

5StarS 保障体系的制定充分考虑到了新型法规和标准(ISO/SAE21434、UNECE 和网联与自动驾驶创新系统架构、CAV Innovation System Framework),对当前的产业发展环境具有良好的适应性。其还引入独立的车辆易入侵性评估标准,使得制造商能够对自身产品的安全性能进行衡量。

5StarS 保障体系包括 4 个部分,分别是系统生命周期和成熟度模型、车辆评估框架、车辆网络安全保障等级和 CAV 创新系统架构。在进行车辆网络安全评估时,一般包括以下四个方面。

(1)概念和设计

产品开发阶段的主要目标是将需求转化为初步的产品概念,在进行车辆与系统安全设计时，车辆整体与其系统的名称含义及功能、各个子系统与功能组件的设计都在此阶段完成。此外，该阶段还需要与用户对接，进行反馈和验证，对于出现问题的部分进行完善与优化。

（2）网络安全治理和管理

该部分的功能在新出现的标准与法规指导下实现，确保其符合监管要求。主要包括检验网络安全的组织措施，确保其合理可行，具有一定自主能力。对组织的网络安全文化情况进行评估，并以提升其网络安全能力为目标，提供学习资源与培训活动。

（3）生产、运营、维护和报废

对车辆生产的现场进行实时监控，当出现安全事件时及时进行应对，在车辆需要时提供更新升级服务，对达到报废标准的车辆按照相关规定指导报废，并做好后续回收工作。

（4）脆弱性评估

在车辆运行的各个环节按照规定进行设计、生产、运营、维护、报废等行为，对车辆各方面的能力提供了基本保障。车辆的脆弱性评估则是在车辆具备了各方面基本适应性的基础上，对车辆的安全性进行重点评估。包括寻找车辆安全系统中可能存在的漏洞、车辆程序运行中的风险，并通过车载网络测试、测试规范等方式评估车辆在风险中的表现，全面地排查产品脆弱性，并进行相应的完善与改进。

前三个部分为根据汽车不同生命周期进行的阶段性评估，需要以系统生命周期和成熟度模型为支撑，而第四部分则是对车辆本身的性能进行的能力评估，可以出现在任何阶段。

8.2　智能网联汽车信息安全测评技术

8.2.1　信息安全测评对象

技术的进步使得人们能够以更便捷的方式获取到更多且更准确的信息，信息越来越成为社会生活中不可缺少的一部分，社会对于信息的依存度越高，信息安全就越重要。网络和信息系统的安全有着十分重大的意义，关系着国家的安全和社会的稳定。就现状来看，国内的信息安全工作还缺乏足够的积累，种种复杂的信息安全问题带来了严峻的挑战，需要用严肃的态度、正确的方法和持续的工作来应对。

在信息安全工作中，信息安全评估的作用非常关键。信息系统的测试和评估要参照国家出台的相关规定以及行业内制定的技术标准。评估的作用体现在两个方面：

- 一是把握信息系统当前的安全状况，发现系统中存在的漏洞和隐患，为修正和防护工作提供方向；

• 二是对信息系统安全保护的相关措施进行验证和测试，对不符合要求的地方进行调整。

智能网联汽车的信息安全保护，要从研发和生产端入手，提高智能网联汽车自主研发能力，掌握具备可行性的信息安全保护技术。同时，信息安全保护需要国家政策层面上的指导，形成有效的信息安全保护方案，严格规范智能网联汽车的信息安全审查。

为信息安全审查提供支持，应当做好测试和评估工作，采用有效的测评工具，建立信息安全测试平台，测试平台应包括汽车关键零部件、操作系统、通信环境和信息服务系统四个方面，此外汽车上也应提供信息安全测试和评估服务，使用户得以了解智能网联汽车的信息安全状况。

2017年5月，中国电子信息产业发展研究院发布了《智能网联汽车测试与评价技术》，围绕云端数据中心、网络服务系统和终端设备进行技术设计，研究对汽车进行信息安全测试的方法，测试的内容包括智能网联汽车的用户端和智能网联汽车的网络系统与服务系统，该文件还明确测试对象和操作时的具体项目等概念。

划分的依据不同，测试对象的类别与指向也不同，测试对象的划分方式包括四类。

① 以功能为导向的划分。根据车内网与车外网的功能，汽车信息系统的信息安全功能可分为两方面：

• 一是以汽车智能化监控和管理为目标的设备连接功能，被连接的双方分别是信息传感器设备与车辆设备；

• 二是以车辆之间以及车辆和终端之间的信息交换为目标的信息通信功能。

② 以信息安全系统架构为导向的划分。智能网联汽车信息安全系统可以被划分为负责对外界环境信息进行收集的感知信源层、负责汽车通信的基站集群层、负责对信息和数据进行上传的网络传输层和负责为用户提供服务的应用服务层四个层次。每一层都有自己的测试对象。

③ 以传统信息安全为导向的划分。传统信息安全可以划分为以计算机设备、设施（网络及通信线路）为对象的物理安全，以网络中传输和保存的数据、网络系统和网络服务为对象的网络安全，以应用程序在使用过程中和结果为对象的应用安全，以云主机为主体的主机安全等类别。

④ 以"端""管""云"网络体系为导向的划分。主要根据智能网联汽车的三层架构，将测评对象划分为感知信源层、网络传输层和应用服务层，它们的安全需求存在差异。确立全局性的信息安全保护技术，同时适应各种产品和各个模块的测评需求，推进安全测评技术的研究。

选择稳定的能够覆盖产品全生命周期的安全测评环境，测评环境主要分为模拟、硬件在环、实物三种。借助模型评估分析产品面临的安全威胁和隐患，检测产品存在的缺陷和薄弱环节，确定信息系统的安全等级。

总体来说，对感知信源层的测评主要涉及多类型传感器、通信终端，对网络传输层的测评涉及 V2X 技术的互联互通，对应用服务层的测评涉及云架构信息平台和下游车辆服务产业。

8.2.2　感知信源层测试

智能网联汽车的感知层包括多个传感器，主要功能是对外部驾驶环境做出感知，并完成信息的收集。此外，作为通信终端，可以实现车载通信、车间通信和车云通信。感知层上分布着许多关键电控单元，对应着感应、控制、执行等多方面的功能，这些电子单元是信息安全测试的重点。

具体来说，感知信源层的测试对象主要包括代码审计、固件测试、恶意代码防护、存储安全等。就电控单元的代码审计而言，有静态检测技术和动态检测技术两种评估技术，前者扫描的是与电控单元有关的固定内容，包括源代码和二进制格式，并分析程序的特征和漏洞，后者则对电控单元程序动态的运行结果进行检测，检验程序的运行效率和运行的稳定性。

8.2.3　网络传输层测试

智能网联汽车的网络传输层主要应用场景为 V2X 的互联互通，在功能和性能上保证实时性、可服务性和网络泛在性。所有通信皆通过车载 CAN 网络、V2X 无线通信网络和 LTE 蜂窝网络形成一个智能的车路协同互联互通系统。对于网络传输层的信息安全测试，主要是测试智能网联汽车中网络通信协议的安全性。

目前协议相关的大多数漏洞都与其健壮性有关，协议安全性体现在可以正确地处理或拒绝畸形的协议数据单元（protocol data unit，PDU），并且不会引起漏洞或故障性失效。在此前提下，网络层有代表性的三种安全测试方法包括：车辆通信协议随机测试、变异语法注入测试方法、错误注入方法和车辆通信协议漏洞测试，测试内容包括在智能网联汽车和智慧交通系统的网络传输层中设计的通信协议的安全检查、传输保密性、边界安全性评估、设备标识等。

V2X 意为 vehicle to everything，即车对外界的信息交换。在 V2X 的帮助下，车与其他车辆之间、车与基站之间都能够实现通信，获取到驾驶过程中所需要的交通信息。V2X 是智能网联汽车网络传输层的主要组成部分。网络传输层的测试对象主要包括通信协议、传输保密、边界安全性、设备识别等。这里主要介绍一下对通信协议安全性的测试。

通信协议的安全性很大程度上由其健壮性决定，即是否能够在避免漏洞和故障的前提下，对出现错误或变形的 PDU 做出正确处理。网络传输层的信息安全测试主要采用三种方法：车辆通信协议随机测试、车辆通信协议漏洞测试、变异语法注入测试方法。

8.2.4 应用服务层测试

应用服务层的测评对象主要包括远程信息服务终端（telematics box，T-BOX）、汽车远程服务提供商（telematics services provider，TSP）服务器、车辆操作系统测试等。针对T-BOX，检测其服务接口的渗透情况，检查终端应用是否存在非法注入的情况。对于TSP服务器的检测，主要在高危漏洞、操作系统和系统服务的安全性等方面，车载操作系统需要满足保密性、完整性、可用性、稳定性等这几点安全性上的需求。

根据车载操作系统的安全性需求，构建相应的安全模型，检测其安全功能的实现情况，评估存在的安全漏洞和风险。车载操作系统的测试内容主要包括访问控制权限、身份鉴别、管理权限验证、数据保护等。

智能网联汽车是新技术驱动之下的新产物，相应地，构建智能网联汽车信息安全保护体系需要解决一些新问题。比如，怎样构建更加牢固可靠的入侵检测和防护系统，避免车辆控制单元被攻击者操控；怎样在复杂的通信环境下保持稳定的安全防护能力；怎样针对信息安全问题做出更快的响应和回复。

智能网联汽车信息安全保护体系要做到覆盖车辆从研发到报废的整个生命周期，形成"检测 - 保护 - 响应 - 恢复"的核心流程和机制，对信息安全问题作出有效应对。对于信息安全保护体系的构建，还有以下几点要注意：

① 防护系统除了需覆盖车辆的整个生命周期外，还应涵盖多个模块和区域，包括车载智能终端、移动智能终端、车联网服务平台、网络通信协议，并形成不同的安全防护等级；

② 在大数据和人工智能的帮助下，从被动防御向主动安全管理转变，识别安全漏洞，找出问题根源，对安全风险作出及时处理，为信息安全提供更坚实的保障；

③ 采用混合密码，通过密码技术、区块链和可信计算体系，执行更加严格的认证过程，建立起一个可信度更高的车联网环境，更有效地抵御安全威胁。

8.3 基于云平台的汽车软件测试技术

8.3.1 智能汽车软件测试方法

当前，全球范围内的汽车保有量持续增加，由此带来了一系列问题，包括交通事故数量上升、出行效率受到影响、环境污染日益加剧等。与此同时，智能化正成为全球技术和工业领域的发展趋势,针对以上问题,汽车智能化可提供有效的解决方案。智能网联汽车配备了智能安全辅助驾驶系统,该系统依托于 V2X 技术,可实现车与车之间的无线通信,信息的畅通有助于保障行驶安全,对道路拥堵等问题起到缓解作用。智能网联汽车不仅受到了业界的广泛关注,还被国家列入了"中国制造 2025"计划,相应的标准和规范也在逐步制定。作为智能网联汽车的关键技术,V2X 技术也开始在智能交通领域得到推广。

V2X 技术用到的技术和设备有 D2D 技术、信息通信技术、传感器、控制器、执行器等,在 V2X 技术的帮助下,智能网联汽车能够与人、车辆、道路、后台等进行信息交流,用智能化的方式完成各项操作,包括感知环境状况、决策与执行等。在智能化技术的支持下,智能网联汽车将做到在实施车辆操作时发挥人类的作用。

现阶段,V2X 技术在智能网联汽车上的应用并未完全成熟,还存在一系列有待解决的问题,包括交通安全与信息安全,设备的稳定性和兼容性等。而在推进技术应用的过程中,一项至关重要的工作是进行技术的测试和示范。

在智能网联汽车这一应用终端上,V2X 技术的应用首先应当涉及汽车最基本的驾驶功能,另外 V2X 技术还在其他方面得到应用,以保障驾驶的安全稳定。所以,面向 V2X 技术的软件测试由多项测试内容组成,包括功能测试、性能和压力测试、安全性测试、可靠性测试,确保车辆在这些方面都能达到行业标准规范。

(1)功能测试

汽车电子电气系统会在很大程度上影响车辆的安全,如果整个系统或是系统中的某个硬件出现了功能失效的情况,就会造成功能性故障,给车辆带来严重的安全威胁。与传统汽车相比,智能网联汽车拥有更为复杂的电子电气系统,系统中集成了更多的功能和部件,这使得其在功能安全上面临更大的风险和隐患。在功能安全问题上,重要的是在发生故障后系统会有什么样的行为。

智能网联汽车须在安全性上达到一定要求,其残余安全风险不得超出规定范围。功能安全监测采用 ISO 26262 国际标准。ISO 26262 标准给出了汽车安全完整性等级(ASIL),从低到高依次是 A 级、B 级、C 级、D 级,功能安全验证测试结果是评价系统安全性的重要依据。

功能安全验证测试的对象包括系统的功能以及各个部件,针对系统和各部件设置目标 ASIL 等级。有些单点的故障会对系统造成很大的影响,对于这类单点需开展故障注入测试。根据 ISO 26262,各 ASIL 等级在诊断覆盖率和诊断覆盖能力上须达到一定的要求,具体如表 8-2 所示。

表8-2 基于ASIL等级的诊断覆盖率

项目	ASIL B	ASIL C	ASIL D
诊断覆盖率	> 90%	> 97%	> 99%
诊断覆盖能力	中	高	高

故障注入测试须向对象注入典型故障,而后观察系统对所注入故障的反应,系统应当以正确的方式探测故障,并且不做出阻碍安全目标达成的失效行为,如此将被认定为测试通过。

(2)性能和压力测试

V2X 技术拥有多平台的数据处理技术,根据大量数据的分析结果作出智能决策。在行驶过程中,智能网联汽车须实时收集行驶数据,掌握车辆当前的状态信息,将这些信息数据传输至车联网系统,同时车联网系统会提供其他车辆的数据信息,使车辆能够更加全面地了解当前的行驶环境,并结合实时状况给出行驶建议。数据处理工作要以性能作为支撑,因此需对智能网联汽车开展性能测试。

车联网应用软件的测试工作比较复杂,工作量大,同时测试手段更新缓慢,需花费大量的时间,而软件的迭代速度较快,用户的访问量大,在此条件下须对原始低效的测试方法进行改进。运用云测试模型,创建自动化测试脚本,将云平台作为脚本的运行场所,通过脚本运行开展 V2X 应用软件的性能测试,有效提升测试效率,获得更准确的测试结果。

(3)安全性测试

在研发和生产过程中,智能网联汽车和车联网的安全防护未得到充分重视,因此存在一定的安全风险。对于车联网来说,安全漏洞可能出现在 TSP 平台、Telematics 上网系统、车机 IVI 系统等各个部分,严重威胁用户的财产安全。在智能网联汽车中,依托 V2X 技术的安全驾驶功能涉及大量数据分析,这个过程产生的数据有遭到入侵的风险,数据的泄露或损坏将带来难以预料的后果。因此,提升智能网联汽车的安全性,采取有效的信息安全防护措施,是一项迫切的任务。

在汽车内部开展测试,进行内部数据的共享,发现汽车当前存在的漏洞,整理漏洞信息。漏洞可以分为云服务、通信、车内、外部威胁四类,分析各类漏洞,评估漏洞可能引起的后果,建立关于漏洞的数据库。有些漏洞具有通用性和普遍性,可能在任何一辆汽车上出现,这类漏洞的信息要向整个行业公开,提升智能网联汽车整体的安全水平。此外,为保护数据安全,须开展数据风险评估,覆盖数据产生、传输、存储、应用各环节。具体而言,智能网联汽车的安全性测试包含以下几项内容。

- 准确识别驾驶者的身份。
- 保护敏感重要信息的能力。
- 车载应用的安全性。
- 抵御破坏的能力以及受到破坏后自我修复的能力。

安全性测试主要采用 3 种测试途径,分别是基于渗透、基于风险、基于威胁。

① 基于渗透。此类安全性测试将模拟黑客对车联网系统发动渗透入侵,以此

发现系统中的漏洞。

② 基于风险。此类安全性测试在软件开发过程中进行风险分析，评估可能出现的安全漏洞，并开展相应的安全测试。

③ 基于威胁。此类安全性测试会确认当前存在于软件外部的安全威胁，并评估威胁实际出现的可能性，测试的开展需要建立威胁的模型。建模时首先要分析保护对象，对保护对象进行拆解，得到入侵入口点、信任边界等信息，而后对安全威胁进行全面分析，确定威胁使用的入侵方式，如伪造信息、篡改信息、非法获取权限等。使用入侵树的形式描述安全威胁，评估威胁的破坏力、影响范围、发现难度、重复发生的可能性等多项指标，据此划定威胁的等级，通过量化分析得到威胁的风险数值。

（4）可靠性测试

测试智能网联汽车软件的可靠性，须将模型确定的故障注入汽车系统，观察注入后系统的表现，据此得到关于系统可靠性的测试结果。基于故障注入的可靠性测试框架如图 8-1 所示。

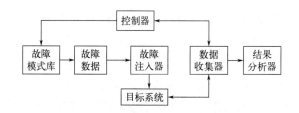

图 8-1　基于故障注入的可靠性测试框架

可靠性测试所注入的故障要包含多种模式，常见的故障模式有电子信号故障、通信接口故障、软件缺陷故障等，测试时接连注入不同模式的故障，营造真实的故障场景，获取准确的可靠性测试结果。

从系统的构成来看，故障注入系统包含六个部分，分别是控制器、故障模式库、故障数据、故障注入器、数据收集器、结果分析器。其中控制器和故障模式库用来得到故障数据，故障模式库提供故障数据来源，数据的生成操作由控制器完成。故障注入器负责向测试对象注入故障数据，故障注入后将对被测系统产生一定的影响，数据收集器会收集有关系统所受影响的信息数据，并将其传输至结果分析器，经过数据分析得到最终的测试结果。

8.3.2　应用软件云测试的内容

在车联网中，云计算能够发挥资源整合的作用。云计算系统是一种分布式计算系统，其面向的是以虚拟形态存在的计算资源和存储资源，可监控资源的实时状况，对资源实施动态管理。通过云计算系统，用户可进行数据存储，获取计算服务和平台服务。在确定测试方案时，智能网联汽车可借鉴 PC、手机等终端的测试方法，吸收其他终端的经验对测试实施有效管理。依托测试云的测试方案是一种适用于智能网联汽车的新型方案，能够在保证测试效果的同时提升测试效率。

智能网联汽车应用软件云测试可提供以下服务。

① 测试环境可伸缩。云测试可根据用户的实际需求为其创建测试环境，提供定制化的云测试服务。

② 多用户并发测试。云测试平台工具多样，分为编译测试工具和用户覆盖分析工具两类，借助这些工具可开展多项测试工作，测试系统的功能、性能、安全性、可靠性。按照所处测试周期的阶段确定测试对象，从车载终端单元、车内网集成等各个组成部分入手完成系统的整体测试。

③ 管理服务。智能网联汽车后台可提供多项信息服务，包括环境感知、道路救援、在线预约等，由于涉及的内容和数据信息比较多，这部分面临较大的安全风险，对此须开展以数据作为驱动的测试。云测试平台可对测试实施管理，参照测试使用的主题和脚本以及测试过程中产生的数据来分析测试，找出测试中存在的问题和缺陷并进行改正。此外，借助云测试平台还可以从云端上传或下载用例。

④ 自动化测试与控制服务。自动化测试即按照测试需求安排测试任务，以提升测试的效率和准确性，并对用例实施有效控制。

⑤ 测试集成解决方案。车联网是一个复杂的综合性系统，相应地，车联网系统的测试也应当是综合性的，涵盖多个测试维度。按照系统测试需求，对功能逻辑、特性、因果、场景、优先级等进行分析，从分析结果中得到测试用例。在测试方案中运用多种模型、方法、算法，实现方案的集成化，满足车联网系统的多维度测试需求。

⑥ 仿真环境测试。借助车辆仿真软件构建仿真测试环境，呈现出实际的交通状况，在仿真环境下进行计算和验证，实现智能化测试。

⑦ 在线监测与跟踪。跟踪测试用例的执行，监测测试主机的运行，供用户了解查询与用例和主机有关的情况。

8.3.3 基于云平台的软件测试

基于云平台的智能网联汽车测试技术架构如图 8-2 所示，架构的模式为"云+端"，由多个平台组成，可以提供多项服务，保障智能网联汽车的软件安全，政府、汽车厂商、个人都可以采用此架构。

下面将具体介绍架构的各个组成部分。

• 品质检测平台的测试对象为汽车的操作系统和移动应用。平台提供多种测试工具和测试技术，面向软件开展全面的测试，测试内容包括功能、性能、安全性、

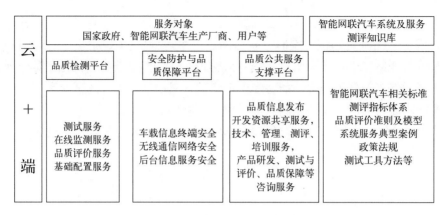

图 8-2 基于云平台的智能网联汽车测试技术架构

可靠性、兼容性等。品质检测平台拥有先进的测试理念，比如运用云测试和自动化手段提升测试效率，借助虚拟化手段得到更加准确的测试结果。除了提供测试服务外，平台还支持实时监测测试的情况，根据测试结果评价车辆软件的品质。

•安全防护与品质保障平台的作用是监测智能网联汽车的数据传输和网络通信，及时发现并排除存在于运行环境中的风险和威胁，保障车载信息终端、无线通信网络及后台信息服务的安全。

•品质公共服务支撑平台负责共享智能网联汽车软件开发方面的资源，使资源得到更充分地利用，起到推进软件开发的作用。在软件品质方面，分析并发布软件品质信息，进行品质管理，推动品质问题的解决。向政府、企业、研究机构等提供各项咨询服务，涵盖产品研发、测试、品质评价等多个方面。

•系统及服务测评知识库中包含了丰富的资源，包括智能网联汽车的相关标准、测评指标体系、系统服务典型案例、政策法规等，从事智能网联汽车行业的企业、研究机构等可以从中获取自己需要的资料。

（1）智能网联汽车操作系统测试

在智能网联汽车中，硬件架构与软件、虚拟化之间存在密切联系，当前者发生变动时后者也将随之改变。借助操作系统，车辆得以与人、车、互联网进行交互。常见的应用于智能网联汽车的操作系统有 Windows CE、QNX、Linux、Wind River、Android 等。操作系统平台被用来实现自动驾驶功能，为此须配备相关的软件和硬件，另外云数据服务也是平台的组成部分。智能网联汽车强调网络的作用，同时，云计算技术的应用也越来越广泛，在这样的背景下汽车操作系统的开发受到了更多的关注。在面向操作系统开展测试时，要注意几个关键点，包括补丁更新、漏洞预警与分析、安全应急处理等。

测试云通过虚拟化基础设施建立资源池，实现资源的共享，虚拟化的对象包括服务器、主机、存储空间等。测试云对功能和性能的测试可以一直持续下去，且测试结果随时可查。对测试所用到的测试资源实施监控，实现资源的动态管理。为了防止测试对系统产生影响,设置系统的自动备份,在测试完成后恢复系统。通过测试找出软件存在的问题和缺陷,诊断分析造成问题的原因。结合移动操作系统所具备的特征,对系统各功能组件的安全性进行评估,确认各项功能是否存在安全缺陷,操作系统的功能有通信、语音识别、实时数据采集及分析等。基于系统各模块的设计原理,从代码、功能、性能入手对系统模块开展安全测试,发现安全缺陷。

针对 Linux、Android 等开源性质的操作系统,选择静态分析作为安全检测方法,对操作系统的源代码实施分析,安全检测的内容包括身份认证、访问控制、数据存储等。就 Android 而言,须基于对控制流和数据流的分析确立安全规则,结合安全规则和管理程序,采用静态的方式检测内核。找出存在于应用程序的安全缺陷,用形式化语言将其描述出来,通过这个过程同样可得到安全规则。针对安全缺陷建立检测模型,运用反编译等方法,对恶意代码等常见的安全缺陷和风险进行静态分析检测,确定操作系统存在的安全问题。

就应用于智能网联汽车的操作系统而言,当终端程序处于运行状态时,应采用此条件下特定的方法检测终端行为的安全性。提升系统的开放性,采用更加多样化的应用程序编程接口,可以扩展监测功能,提高监测的执行力度。就开源操作系统而言,可借助监测模块设置多个监测点,以实施动态监测,系统代码以及应用程序编程接口都可以作为监测模块的安装位置。就非开源操作系统而言,可通过应用程序编程接口对程序进行监测。恶意代码是操作系统中常见的安全风险,对此可采用多种监测手段,包括检查恶意代码的运行权限、确认系统资源是否遭到非法占用等,此外定位和语音识别也可用于恶意代码的监测。

(2) 智能网联汽车移动应用软件测试

V2X 技术需要结合车联网、移动互联网和第三方应用实施信息处理,因此,智能网联汽车的操作系统中安装了各种类型的移动应用软件,涵盖社交、娱乐、导航、支付、办公等各项功能,但是这些应用软件本身并不能很好地抵御安全风险。与此同时,带有恶意入侵性质的应用软件不断涌现,这些都会对操作系统的安全造成威胁,并有可能带来更加严重的后果,危及车辆行驶安全。针对移动应用软件的安全问题,以测试云为基础开展安全测试,监测应用软件的安全状况,保障系统安全和行车安全。

存在于移动应用软件中的恶意代码有多种形式,处于静态的恶意代码具备一定的结构性特征,而处于动态的恶意代码在实施操作时,会遵循特定的行为模式。恶意代码可自动启动,通过隐藏进程和通信等方式对应用软件造成影响。针对恶意代码静态和动态的不同形式,采用不同的检测方法。针对静态的恶意代码,通过特征码扫描、启发式扫描等手段实施静态分析,以获取其静态特征,对于恶意代码的动态行为,实施动态的跟踪分析,检测主机是否存在异常状况。

(3) 智能网联汽车系统在线监测

在车载信息终端向后台信息服务平台传输数据信息的过程中,无线通信网络发挥传输媒介的作用，为保障传输的顺利进行和传输的安全，须针对通信网络实施监测，同时，对传感器这一硬件设施的监测也是必要的。监测采用在线的形式，当出现异常状况时立即发出提醒，及时找出问题的根源并进行纠正。

8.3.4 汽车软件测试评估体系

（1）可靠性测试评估体系

智能网联汽车软件测试评估体系以 ISO / IEC25010 软件质量模型为基础，同时运用了 SMART 准则。评估体系由目标层、准则层、方案层三个层次组成，测试评估的目的是确定智能网联汽车软件的可靠性，因此可靠性这一测试对象就构成了测试评估体系的目标层，准则层由车载信息终端、无线通信终端、后台信息服务终端三条测试主线组成，每一条测试主线下包含多项测试指标，这些测试指标构成了测试评估体系的方案层。测试评估体系的具体架构如图 8-3 所示。

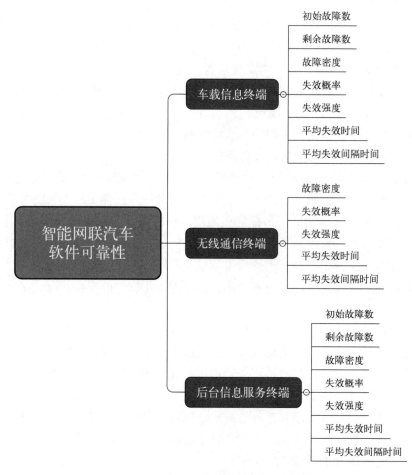

图 8-3　智能网联汽车可靠性测试评估体系

（2）安全性测试评估体系

智能网联汽车安全性测试评估体系的构建要参照当前的技术成果和相关的标准规范，同时吸纳企业和用户的意见，推动体系的持续完善，取得更加真实准确的测试结果，更好地保障车辆安全。安全性测试评估体系由测试评估内容、安全性测试策略、安全性测试方法三部分组成，每一部分又包含多项内容，该体系的具体架构如图 8-4 所示。

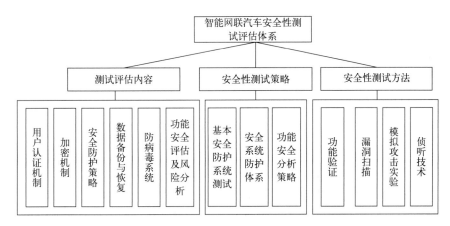

图 8-4　智能网联汽车安全性测试评估体系

参考文献

[1] 田韵嵩，李中伟，谭凯，等.汽车 CAN 总线入侵检测算法性能模糊测试方法研究 [J]. 信息技术与网络安全，2022, 41(4).

[2] 李雪莹，张锐卿，杨波，等.数据安全治理实践 [J]. 信息安全研究，2022, 8(11).

[3] 郝晶晶，韩光省.智能网联汽车信息安全威胁识别和防护方法研究 [J]. 现代电子技术，2021, 44(23).

[4] 张格，刘冬，马雨萌.车联网数据安全风险分析与应对 [J]. 中国信息安全，2021(7).42-44.

[5] 李雅琪，余雪松，温晓君.加强智能网联汽车数据安全管理刻不容缓 [J]. 数字经济，2021(6): 66-69.

[6] 启明星辰智能网联汽车安全研究团队.加强智能网联汽车信息安全实验环境建设 [J]. 中国信息安全，2021(7): 59-60.

[7] 杨晓琪，白利芳，唐刚.基于 DSMM 模型的数据安全评估模型研究与设计 [J]. 信息网络安全，2021(9).

[8] 覃庆玲，谢俐倞.车联网数据安全风险分析及相关建议 [J]. 信息通信技术与政策，2020(8).

[9] 吴克河，朱海，李为，等.基于敏感信息度量的 t- 保密脱敏技术改良 [J]. 信息技术，2019(11).

[10] 胡文，姜立标.智能网联汽车的多级安全防护方案设计和分析 [J]. 网络安全技术与应用，2017(2).

[11] 郑文怡，毛健.无线传感器网络溯源数据压缩传输技术综述 [J]. 江苏大学学报（自然科学版），2016(5).

[12] 查雅行，罗守山，卞建超，等.基于多分支认证树的多用户多副本数据持有性证明方案 [J]. 通信学报，2015(11).

[13] 王珊，王会举，覃雄派，等.架构大数据：挑战、现状与展望 [J]. 计算机学报，2011(10).

[14] 杨晓春，刘向宇，王斌，等.支持多约束的 K- 匿名化方法 [J]. 软件学报，2006(5).

[15] 潘列，曾诚，张海丰，等.结合广义自回归预训练语言模型与循环卷积神经网络的文本情感分析方法 [J]. 计算机应用，2022, 42(4).

[16] 潘妍，余宇舟，许智鑫.基于区块链技术的智能网联汽车数据跨境安全研究 [J]. 中国汽车，2021(7): 38-43.

[17] 赵东明，刘静，徐晨兴，等."联邦学习 + 区块链"多方安全计算引擎系统研究 [J]. 电子技术与软件工程，2020(21): 184-186.

[18] 展娜.基于数据融合的网络安全态势评估研究与应用 [D]. 北京：北京交通大学，2020.

[19] 相若晨.中文文本情感分析研究 [D]. 扬州：扬州大学，2016.

[20] 王惠峰.云存储服务中数据完整性验证研究 [D]. 西安：西北工业大学，2016.

[21] 郭晓欢，江昆，王海娇.智能网联汽车信息安全关键技术探讨 [J]. 时代汽车，2021(16).

[22] 王金明，刘宇，张怡凡.我国智能网联汽车信息安全法律法规体系现状及发展建议 [J]. 汽车

纵横, 2020(10): 51-53.

[23] 郭辉, 罗勇. 智能网联汽车信息安全关键技术 [J]. 上海汽车, 2019(10): 9-14.

[24] 底晓强, 曹金辉, 魏心悦, 等. 车联网安全标准综述 [J]. 计算机应用研究, 2024, 41(4).

[25] 马文博, 刘冬乐. 整车信息安全标准与测试方法探讨 [J]. 专用汽车, 2023(10).

[26] 罗映, 赵磊, 丁洪磊, 等. 基于 5G 通信和深度学习技术的智能网联挖掘机控制平台 [J]. 电脑知识与技术, 2020(25).

[27] 张晓均, 王文琛, 付红, 等. 智能车载自组织网络中匿名在线注册与安全认证协议 [J]. 电子与信息学报, 2022, 44(10).

[28] 潘妍, 张也, 周瑞坤, 等. 我国智能网联汽车操作系统研究 [J]. 电子元器件与信息技术, 2022, 6(5).

[29] 刘轶. 智能网联汽车保险路径规划 [J]. 区域金融研究, 2022(9).

[30] 旋艳静. 智能网联汽车测试设备发展研究 [J]. 造纸装备及材料, 2022, 51(8).

[31] 吴甜甜, 杨亚芳, 赵运磊. 一种面向车联网通信的条件隐私保护认证协议 [J]. 计算机工程, 2021(6).

[32] 易星, 曹青松, 李香芹. 网络攻击下的智能网联汽车路径跟踪鲁棒控制 [J]. 机械设计, 2023, 40(5).

[33] 王思涵, 李溃, 杨陆峰. 智能网联汽车信息安全技术风险识别分析和解决措施 [J]. 科技创新导报, 2022, 19(10).

[34] 孙海鹏. 智能网联汽车网络安全问题及技术研究 [J]. 内燃机与配件, 2021(1).

[35] 朱亭诺, 刘聪. 面向服务架构的汽车信息安全设计研究 [J]. 汽车电器.2022(9).

[36] 杨洪福, 朱翔宇, 孙延秋. 面向车辆域控制器的渗透测试方法研究 [J]. 汽车零部件.2022(10).

[37] 谷阳阳, 王磊, 刘鹏飞. 标准政策下智能网联汽车信息安全发展思考 [J]. 汽车实用技术.2022, 47(18).

[38] 叶非凡, 窦闹喜, 李乐言. 域控制器架构车载通信安全测评技术及对策探究 [J]. 汽车实用技术.2023, 48(22).

[39] 张巧, 王海均. 我国车联网网络安全管理机制概述 [J]. 软件, 2021(9).

[40] 陈孝宝. 以史为鉴简析车联网发展趋势及战略选项研究 [J]. 时代汽车, 2020(22).

[41] 蔡旭冰. 我国智能网联汽车发展现状及策略分析 [J]. 时代汽车, 2023(11).

[42] 李端, 孙倩文. 智能网联汽车的安全新风险研究 [J]. 工业信息安全, 2022(5).

[43] 银鹰, 周志洪, 姚立红. 基于 LSTM 的 CAN 入侵检测模型研究 [J]. 信息网络安全, 2022(12).

[44] 李国永. 智能网联汽车测试评价及问题分析 [J]. 汽车实用技术, 2022, 47(9).

[45] 叶卫明, 常贺. 基于智能网联汽车的通信和信息安全研究 [J]. 电信工程技术与标准化, 2022, 35(1): 88-92.

[46] 杨南, 康荣保. 车联网安全威胁分析及防护思路 [J]. 通信技术, 2015(12).

[47] 朱红权. 智能网联汽车测试技术探究 [J]. 时代汽车, 2021(15).

[48] 华锋, 黄宇扬, 李杨. 高级别智能网联汽车整车检测框架分析 [J]. 汽车测试报告, 2023, (6): 49-51.

[49] 岑洪婵, 黄志杰, 余嘉旎. 智能网联汽车测试与评价研究 [J]. 汽车测试报告, 2023(10).47-49.

[50] 冯聪. 智能网联汽车网络安全问题的治理与执法探索 [J]. 信息网络安全, 2020(0S1).44-47.

[51] 钟志华, 乔英俊, 王建强, 等. 新时代汽车强国战略研究综述（一）[J]. 中国工程科学, 2018(1).

[52] 钟志华, 乔英俊, 王建强, 等. 新时代汽车强国战略研究综述（二）[J]. 中国工程科学, 2018(1).

[53] 赵世佳, 赵福全, 郝瀚, 等. 中国新能源汽车充电基础设施发展现状与应对策略 [J]. 中国科技论坛, 2017(10).

[54] 印曦, 魏冬, 黄伟庆, 等. 日本车联网信息安全发展现状与分析 [J]. 中国信息安全, 2017(1): 98-101.

[55] 冯志杰, 何明, 李彬, 等. 汽车信息安全攻防关键技术研究进展 [J]. 信息安全学报, 2017(2).

[56] 赵福全, 刘宗巍, 郝瀚, 等. 中国实现汽车强国的战略分析和实施路径 [J]. 中国科技论坛, 2016(8).

[57] 李逸瀚. 电动汽车信息安全网关研制与wolfSSL协议研究 [D]. 合肥：中国科学技术大学, 2017.

[58] 于赫. 网联汽车信息安全问题及CAN总线异常检测技术研究 [D]. 长春：吉林大学, 2016.

[59] 王玮. 车辆T-BOX系统安全测试和评价 [J]. 信息通信技术与政策, 2018(1): 85-88.

[60] 李馥娟, 王群, 钱焕延. 车联网安全威胁综述 [J]. 电子技术应用, 2017(5).

[61] 赵德华, 张晓帆. 车联网TSP平台软件漏洞分析与安全测试 [J]. 汽车实用技术, 2016(12).

[62] 于赫, 秦贵和, 孙铭会, 等. 车载CAN总线网络安全问题及异常检测方法 [J]. 吉林大学学报（工学版）, 2016(4).

[63] 席荣荣, 云晓春, 张永铮. CVSS环境评分值的分布特点研究 [J]. 高技术通信, 2014(1).

[64] 蔺宏良, 黄晓鹏. 车联网技术研究综述 [J]. 机电工程, 2014(9).

[65] 王瑞刚. 网络与信息安全事件应急响应体系层次结构与联动研究 [J]. 计算机应用与软件, 2011(10).

[66] 杨磊, 郭志博. 信息安全等级保护的等级测评 [J]. 中国人民公安大学学报（自然科学版）, 2007(1).

[67] 霍伟东. 智能网联汽车信息采集与远程传输系统设计与实现 [D]. 重庆：重庆大学, 2021.

[68] 赵俊法. 基于数字证书的身份认证机制在汽车OTA的应用与实现 [D]. 长春：吉林大学, 2022.

[69] 刘熠华. 面向高共识效率的车联网多层身份认证机制研究 [D]. 天津：天津大学, 2021.

[70] 王九华. "车联网调查：应用、安全问题以及解决方案"（节选）汉译实践报告 [D]. 柳州：广西科技大学, 2023.

[71] 黄迪, 陈凌珊. 基于LSTM的CAN总线入侵检测 [J]. 智能计算机与应用, 2021(3).